# 한국과 일본의 종교습합

# 한국과 일본의 종교습합

초판발행일 | 2019년 4월 30일

지은이 | 이로미
펴낸곳 | 도서출판 황금알
펴낸이 | 金永馥

주간 | 김영탁
편집실장 | 조경숙
인쇄제작 | 칼라박스
주소 | 03088 서울시 종로구 이화장2길 29-3, 104호(동숭동)
전화 | 02) 2275-9171
팩스 | 02) 2275-9172
이메일 | tibet21@hanmail.net
홈페이지 | http://goldegg21.com
출판등록 | 2003년 03월 26일 (제300-2003-230호)



값은 뒤표지에 있습니다.

ISBN 979-11-89205-31-7-93210


*이 도서의 국립중앙도서관 출판예정도서목록(CIP)은 서지정보유통지원시스템 홈페이지(http://seoji.nl.go.kr)와 국가자료종합목록시스템(http://www.nl.go.kr/kolisnet)에서 이용하실 수 있습니다. (CIP제어번호 : CIP2019014697)

# 한국과 일본의 종교습합

## 샤머니즘 전통을 중심으로

이로미 지음

황금알

# 머리말

한국과 일본은 좁은 바다를 사이에 두고 수 천 년에 걸쳐 우호적 교류와 폭력적 충돌을 반복하면서 불가분의 관계를 맺어왔다. 때로는 자발적으로, 때로는 강압적으로 사람과 물자가 왕래하여 서로 같은 듯 다른 문화와 문명을 이룩하였다. 두 나라의 종교는 고대 사회의 정치 이념이자 가치 체계를 형성하는 핵심 요소였다. 따라서 고대 동아시아의 보편적 종교였던 불교와 한일 각국의 토착종교 사이의 관계를 규명함으로써 현재에 이르는 문화적 차이점과 유사점의 근원을 살펴보고자 하였다.

이 책에서는 한국과 일본의 습합 형태를 문헌에 나타난 구체적인 사례를 비교하여, 각각의 특징을 규명하였고, 어떠한 문화적 유대관계를 맺고 영향력을 행사하였는지를 증명하였다. 연구방법은 기존에 발표된 연구 논문과 한국의 『삼국유사』『삼국사기』와 일본의 『고사기(古事記)』『일본서기(日本書紀)』 등 주요 사서 기록을 논거로 하여 비교 고찰하였다.

고대국가였던 고구려, 신라, 백제의 지배층들은 강력하고 체계적인 지배이념을 구축하기 위하여 불교를 적극적으로 수용하였다. 불교는 기존의 토착종교가 수행했던 기복 신앙적 요소를 받아들여 한국적 불교로 토착화되었다. 통일신라 이후의 호국불교는 고려시대에 이르러 한국적인 교리를 완성하여 한국불교로 승화되었고, 국가적 차원의 의례인 연등회와 팔관회가 성행함으로써 불교는 기층민에게까지 파고들었다. 조선시대의 지배층은 유교적 국가 이념에 부합하지 않는다는 이유로 불교를 배척하여 지극히 개인적인 차원에서 왕실 내부, 민간의 기복 신앙으로 전락하였다. 이러한 과정에서 극락왕생과 무병장수, 조상의 명복을 기원하는 신중신앙, 지장신앙으로 정형화되었고, 기존의 토착신앙이 삼신신앙, 칠성신앙, 독성신앙으로 변모하여 사찰 한쪽에 독립적 신앙으로 정착하였다. 한국의 무속은 불교의 인과응보적인 내세관을 수용하여 산 자와 죽은 자의 갈등 해소를 통한 재액초복적 기능을 강화하였다. 그리고 불교 의례를 도입하여 의례적 체계성을 확보하였다.

일본의 전통신앙은 만물에 깃든 정령신인 가미를 신앙하는 신도로 귀결된다. 조몬 시대에는 생산력과 관련한 신앙이 중심이었다. 한반도에서 유입된 벼농사, 청동기 · 철기, 관개기술을 바탕으로 형성된 야요이 시대 이후에는 신과 인간의 중계자인 사제자의 역할이 중시되었다. '히미코'로 대표되는 샤먼적 무왕을 중심으로 고대 부족연맹체가 형성되었다. 그 가운데 전방후원분을 조성할 만큼 강력했던 집단이 고대국가를 이루었는데, 북방에서 유입된 천신강림신화가 국가와 씨족사회의 정착에 크게 기여하였다. 이 시기 정치군주나 부족장이 제사하는 신으로서 신앙되었던 것은 천황이 신격화되는 기원이기도 하다.

한국과 일본의 습합 형태는 공존과 일체화로 설명할 수 있다. 한국은 포용력이 강한 화엄불교의 성격이 습합의 형태를 크게 좌우하여 사찰 안에서 신중(神衆)으로 포괄된 토속신이 기존의 성격을 유지하면서 불보살과 더불어 신앙될 수 있었다. 산신신앙의 요소를 수용하여 산상불교로 자리 잡았다. 서민의 기복적 요구에 부응하여 삼신신앙과 지장신앙은 오늘날까지 사찰안에 고유한 영역을 보유할 수 있었다.

반면 일본의 불교는 통일적이고 폐쇄적인 법화불교와 밀교가 정령신, 즉 가미를 숭앙하는 신도와 습합하여 불보살이 신도 신격의 변이형태로 이해되었다. 신도의 주술성이 증가하였다. 용광로와도 같은 일본의 신앙적 기반에 불교와 신도가 한데 뒤섞인 결과라고 할 수 있다. 그리하여 영적교감과 주술력으로 재액초복을 희구하였던 민간의 신앙적 요구를 수용한 결과 기존의 샤머니즘적 종교는 급속히 쇠퇴하게 되었다. 결국 한 나라의 핵심인 종교는 그 나라의 국민성을 결정한다는 점에서 각국의 종교 습합은 중요한 위치를 차지한다.

이러한 양국의 각기 다른 특성은 서양의 기독교가 전래되는 과정에서도 정반대 양상을 보였다. 비교적 관용적인 풍토의 한국에서 기독교의 하나님은 고래의 천신개념과 부합하여, 기복적 신앙으로 토착화했다. 하지만 일본에서는 인간마저도 신으로 삼을 만큼 절대성에 우위를 두지 않고 두루 신앙하는 신관념 속에 녹아든 탓에, 대중에게서 설득력을 얻지 못한 점에서도 일본의 신도적 종교성향을 가늠해 볼 수 있을 것이다. 향후 연구를 통해 한국과 일본을 비롯한 중국 및 몽골 등 동북아시아의 샤머니즘적 상관성을 고찰함으로써, 문화적 원류를 찾고 현재적 의미를 도출할 수 있기를 기대해 본다. 끝으로 이 책의 산파로서 도와주신 한성례 선생님께 깊은 감사를 드린다. 더불어 출판계의 어려운 사정에도 흔쾌하게 책을 펴내 주신 황금알출판사의 김영탁 주간님에게 깊은 고마움을 전한다.

# 차 례

# Ⅰ. 서론

# 1. 연구 목적

동북아시아 국가들 가운데 샤머니즘의 본향이기도 한 몽골을 비롯하여 중국, 러시아는 사회주의 혁명에 따른 미신 말살 정책으로 인해 대부분 샤머니즘의 원형을 잃고 말았다.[1] 그러나 한국과 일본에서는 숱한 전쟁과 내란을 거치면서도 샤머니즘이 민간신앙으로서 기능했고 오늘날에도 사회적으로 지대한 영향력을 행사하고 있다. 강력한 유일신은 커녕 교주나 경전도 갖추지 않은 샤머니즘이 현재까지 종교적 명맥을 이어올 수 있었던 힘은 외래 종교와의 습합에서 찾을 수 있다. 특히 고대 한국이나 일본은 모두 샤머니즘적 제정일치 사회였고, 두 나라에 있어서 가장 유력한 외래 고등종교는 불교였다. 또한 두 나라의 고대국가를 형성했던 지배층들은 왕권 강화를 위한 정치적 목적으로 불교를 민간에 장려하였다. 하지만 한

1) 최길성, 「동북아세아 샤머니즘의 비교」, 『비교문화연구』 제5호, 서울대학교 비교문화연구소, 1999, p15~p21

국과 일본의 불교는 전통문화의 큰 축으로 자리매김하기까지 고유 신앙과 무수한 갈등, 결합, 조정, 타협이 불가피했다. 고유 신앙과 외래종교가 결합과 조정을 거쳐 일체화하는 것이 종교습합(宗敎習合)이다.

이 글에서는 한국과 일본의 습합 형태를 문헌에 나타난 구체적인 사례를 비교하여 각각의 특징을 살펴보고 어떠한 문화적 유대관계를 갖고 영향력을 행사했는지 알아보고자 한다. 연구방법은 기존에 발표된 연구 논문과 한국의 『삼국유사』『삼국사기』와 일본의 『고사기(古事記)』『일본서기(日本書紀)』 등 주요 사서 기록을 논거로 하여 비교 고찰한다.

## 2. 용어 정리와 연구사

### (1) 용어 정리

#### 1) 샤머니즘

'샤머니즘'은 퉁구스 어인 '샤만(shaman)'에서 유래하였다. 이는 망아(忘我) 상태에서 천상과 지하 세계를 여행하며 신과 교섭할 수 있는 기이한 능력을 가진 자를 의미한다.[2] 몽골의 샤머니즘은 일반적으로 무속 혹은 무교로 번역한다. 고대로부터 샤먼, 즉 무당은 씨족이나 부족의 지도자 역할을 담당했다. 정치적 군장을 중심으로 고대국가가 수립된 이후에는 전문적

2) 사사키 고칸(佐佐木宏幹) 저, 김영민 역, 『샤머니즘의 이해』, 박이정, 2003, p29

인 무당이 정치에 관여하여 큰 권세를 누렸다.[3)]

한국의 종교현상 가운데 북아시아 샤머니즘에 해당하는 민간신앙을 무속 또는 무교라고 부른다. 서정범은 한국의 무속, 무교의 주술연행 주체인 무당(巫堂)의 어원을 어근 '묻-'에서 찾았다. 15세기 한글 고문 중에 점(占)을 뜻하는 '묻그리'라는 말이 있는데 이는 '묻'과 '그리'가 합쳐진 말로서 둘 다 '말'을 뜻하므로 '묻'은 '말'의 고어라고 보았던 것이다. 무당은 만주어 '무단(mudna)'에서 그 흔적을 찾을 수도 있다 '音', '聲', '響'이라는 뜻을 가졌고 어근 '묻-'과 일치한다는 점에서 볼 때 무당이란 신과 인간의 말을 이어주는 중개자를 의미한다고 주장했다.[4)] 이에 대해 김구진은 한반도 남쪽지방의 당골과 북쪽지방의 무당으로 구별하여 당골은 '텡그리(Tengri, 하늘 또는 천신)'에서 나온 호칭이고, 무당은 한자 '巫堂'이 아니라 중앙아시아의 여자 무당인 '우단(Udan)'에서 나온 말이라고 하였다.[5)]

무당을 성별에 따라 나누면 여자는 '무(巫)'이고 남자는 '격(覡)'이다. 현장에서는 무녀, 여무, 남무 등으로 표기한다. 지역이나 역할 등에 따라 호칭이 다양하여 함경도에서는 스승, 제주도에서는 심방, 중부지방에서는 만신, 남부지방에서는 당

3) 이안나, 『몽골민간신앙연구』, 한국문화사, 2010, p176

4) 서정범, 『어원별곡(語源別曲)』, 앞선책, 1989

5) 김구진, 「고구려의 북방계(시베리아) 문화의 특성에 관한 연구-시베리아 샤머니즘을 중심으로」, 『북방사논총』 7호, 동북아역사재단, 2005, p222

골이라고 부른다. 이 밖에도 독경무인 법사 · 복술, 관우신을 모시는 전내(殿內), 어린아이를 모신 태주, 점쟁이와 간단한 비손을 하는 비래쟁이, 막음쟁이 등 여러 호칭이 존재한다.[6] 대체로 동북아시아 샤머니즘을 무속 또는 무교로, 샤먼을 무당으로 인식하는데 큰 이견은 없는 듯하다.

일본에서 샤먼에 해당하는 종교직능자나 인물은 신도(神道)와 관련한 경우와 민간신앙의 경우로 나누어진다. 기록에 보이는 '미코'라는 용어는 대개 신사와 관련하여 등장하는데 '巫女' · '神子' · '巫子' 등의 한자 표기가 보인다.[7] 이능화는 『조선무속고(朝鮮巫俗考)』에서 일본어의 무당 명칭에 무(巫) · 이찌코(市子) · 미코(神子) · 신무(神巫) · 미칸나기(御巫)가 있고 이 가운데 미칸나기는 대대로 일본 황실의 종사(宗祀)인 이세신사(伊勢神社)의 신관을 지낸 황녀에서 나온 말일 것으로 추측하였다. 고대 한국의 천군(天君)이나 차차웅(次次雄)과 비슷한 성격으로 볼 수 있다.[8] 요컨대 미코란 신령이 지피는 영묘한 '모노자네(物實)'[9]로서의 가미코(神子)를 줄여 부른 말이거나 고귀한 신

---

6) 서영대 외, 『무속, 신과 인간을 잇다』, 국사편찬위원회, 2011, p168~p171

7) 박규태, 「일본의 샤머니즘 개념 형성과 전개」, 『샤머니즘연구』 Vol.5, 한국샤머니즘학회, 2003, p35

8) 이능화 저, 서영대 역, 『조선무속고-역사로 본 한국 무속』, 서남동양학자료총서, 창비 2010, p503~p504

9) 모노자네(物實) : 사물의 원천이 되는 것, 사물의 씨알, 일본 신도에서는 신들의 생성과정과 관련하여 특별한 의미를 함축한 말로서 신이 태어나는 일체의 존재를 가리킨다고 한다. ; 박규태, 상게서, p35 주석 인용.

분에 대한 존칭인 미코(御子)가 전용된 말이라고 추측할 수도 있다.[10)]

율령체제 수립 과정에서 신기관(神祇官)이 설치되었는데 여기서 봉사하는 여성 신직을 '미칸나기(御巫)'라고 불렀다. 『속일본기(續日本紀)』에는 '미칸코(神子)'라는 말이 보인다. 에도시대의 일본어사전인 『와쿤노시오리(和訓栞)』에 따르면 미칸코란 무녀를 이르는 말이고, 미칸코를 줄인 말이 미코라고 전한다고 한다. 『고사기(古事記)』와 『일본서기(日本書紀)』 등 일본의 주요 사서와 중국의 『삼국지(三國志)』 「위서왜인전(魏書倭人傳)」에는 일본의 미코가 신의 사제로서 주술적 능력을 갖추었고, 고대 신성왕권 확립에 중심적 역할을 수행한 무녀들로 그려져 있다. 이들은 시간이 흐름에 따라 남성 신직(神職)인 간누시(神主) · 하후리(祝) · 네기(禰宜) 등으로 대체되어 현재와 같은 보조적 신직으로 전락했다.[11)] 오늘날 미코는 신사에서 신도의례와 사무를 수행하는 미혼의 젊은 여성을 지칭하게 되었다. 무왕(巫王)과 천관(天官)에서 주술적 기도사로, 다시 신사 의례의 보조자로 그 위상이 변했다는 것은 신도의 성격 변화와도 깊은 연관성을 찾을 수 있을 것이다.

한편 신도를 섬기는 미코와는 별도로 상고대의 샤머니즘적 명맥을 유지하며 일정한 지역에 정착하거나 전국을 떠도는 무

10) 박규태, 상게서, 2003, p34
11) 박규태, 상게서, 2003, p34~p35

녀가 있다. 이들은 민간에서 주술기도나 구치요세(口寄), 즉 공수와 같은 신비행위를 했던 무녀들로 사령(死靈)의 말을 전달하는 역할을 했다. 오키나와(沖縄)의 노로(祝女)와 유타, 홋카이도(北海道)의 쓰스, 도호쿠(東北)지방의 이타코(맹인무)와 고미소(가미사마, 비맹인무), 후쿠시마(福島)의 노리와라, 하치조(八丈) 및 아오가시마(青ヶ島)의 미코, 기소(木曾)의 온타케행자(御岳行者), 이세(伊勢) 및 시마(志摩)의 미코, 주코쿠(中国)지방 가구라(神楽)의 다쿠다유(託太夫), 나가사키(長崎)의 호닌, 미야코지마(宮古島)의 간카카랴 등이 이에 해당한다.[12] 그리고 영산영지(靈山靈池)에서 고된 수행 끝에 초자연적인 힘을 얻는 수험자(修験者)가 있다.[13]

일본의 샤먼은 신비능력을 획득하는 방법에 따라 두 종류가 있다. 하나는 무병(巫病)과 신들림을 경험한 후 영적 존재와 교통할 수 있는 능력을 획득하여 샤먼이 되는 소명형이다. 이는 한국의 강신무에 비견된다. 다른 하나는 어떠한 동기로 인해 영산영지에서 수행을 거쳐 신의 모습과 소리를 듣는 신비체험을 한 뒤 샤먼의 길로 들어서는 수행형이다. 한국의 세습무와 유사하다. 일본 본토에는 수행형이 비교적 많은 반면 괌이나 오키나와에는 소명형이 압도적으로 많다고 한다. 소명형 샤먼도 수행을 거쳐야 정식 샤먼으로 활동할 수 있다. 사령에 빙의

12) 박규태, 상게서, 2003, p35

13) 사시키 고칸, 상게서, p193~p207

하지 않았거나, 정신이상으로 몰리지 않고 무녀로서 승인받기 위하여 기성 무녀와 종교교단을 찾아 수행하는 경우도 있다.[14) 사쿠라이 도쿠다로(桜井徳太郎)나 구스노키 마사히로(楠正弘)는 소명형과 수행형을 구분하면서 망자와 신의 말을 전하는 공수가 가능한지 여부가 큰 차이점이라고 지적한 바 있다.[15) 호리 이치로(堀一郎)는 수험도(修験道)와 북방형 샤머니즘의 관계에 주목하여 신들림 경험의 문화가 원래 있었고 수험도가 형식(의례)적인 영향을 주었다[16)]고 주장하였다. 일본 고래의 산악신앙과 불교 · 도교 · 신도 전통이 습합하여 형성된 수험도를 통해서도 일본의 신불습합과 샤머니즘의 상관성을 살펴볼 수 있을 것이다.

### 2) 종교습합

전통문화 위에서 외래문화를 어떻게 수용하고 토착화시키는가에 따라 각 문화의 현재적 양상이 결정되기 마련이다.[17)]

---

14) 가와무라 구니미쓰(川村邦光), 「동아시아 샤머니즘 국제학술대회 논문 ; 일본 동북지역의 샤머니즘 (日本東北地域のシャマニズム)」, 『민족과 문화』 Vol.7, 한양대학교 민족학연구소, 1998, p22

15) 村上晶, 「消えゆく巫俗と生きのびる巫者-ワカとイタコを事例として-」, 『比較思想学論集』 14巻, 筑波大学宗教学, 2013, p53

16) 사시키 고칸 저, 상게서, p206~p207

17) 유동식, 「가람구조 및 불화를 통해 본 한 · 일 불교수용형태의 비교연구」, 『신

여기서 수용과 토착화를 지칭하는 용어가 '습합(習合)'이다. 습합이라는 말은 『예기(禮記)』「월령(月令)」에 "이달은 입하이다…… 곧 악사에게 예악의 합주를 연습하라고 명하였다(是月也,以立夏.……乃命樂師習合禮樂)"라는 부분에 처음 나왔다.

습합 개념은 중국보다 일본에서 보편화되었다. 무로마치 시대(室町時代)의 신관인 요시다 가네모토(吉田兼源)가 쓴 『유일신도명법요집(唯一神道明法要集)』 가운데 "신도에는 본적연기신도(本迹緣起神道), 료부습합신도(兩部習合神道), 원본종원신도(元本宗源神道)의 세 가지가 있다"는 기록 이후 습합이라는 용어는 일반화되어 사용되기 시작했다.[18] 사실 이때의 '습합'은 불교를 '배워서(習) 합(合)'쳤다 하여 료부신도를 폄하하려는 목적으로 사용한 말이었다. 현재는 그러한 이문화 간의 교섭 방식을 나타내는 방법적, 도구적 개념으로서 널리 사용되고 있다.[19]

한국의 고유종교인 무속과 외래고전종교(外來古典宗敎)인 불교의 상호 수용 및 토착화 현상을 일컬어 무불습합(巫佛習合)이라고 하겠으며, 일본의 고유신앙인 신도와 불교의 교섭을 신불습합(神佛習合)이라고 정리한 뒤 논시를 전개하고지 한다.

---

학사상』 통권 제14호, 연세대학교 한국기독교문화연구소, 1976, p602

18) 이광래, 『일본사상사 연구』, 경인문화사, 2005, p5

19) 이광래, 상게서, p7

## (2) 연구사

### 1) 서구의 동북아 샤머니즘 연구

만주 · 퉁구스 말인 '샤먼'은 17세기에 러시아인이 퉁구스족을 정복하는 과정에서 러시아인에 의해 처음으로 세상에 알려졌다.[20] 그 후 19세기 중엽 무렵부터 시베리아 어족의 민족학적 조사 연구가 촉진되었고, 이 단어는 북아시아, 시베리아, 중앙아시아의 주술-종교적 직능자 일반을 지칭하는 용어로서 자리 잡았다.[21] 퉁구스족이 사는 현지를 조사했던 시로코고로프(Shirokogoroff)는 샤머니즘을 동북아 지역에서 행해진 특수한 신앙형태로 규정하면서 샤머니즘과 불교가 같은 때에 동북아에 전파되었다고 보았고, 만주에서 샤머니즘은 12세기부터 17세기까지 번성하였다고 주장했다. 한편 엘리아데(Mircea Eliade)는 광희(狂喜) · 망아(忘我) 상태에서 샤먼의 영혼이 육신을 이탈하여 떠도는 엑스터시가 일어날 때, 시베리아의 전형적인 샤먼이라고 정의하는 한편 불교가 동북아에 들어오기 이전에도 퉁구스족의 종교는 부가(Buga)와 텡그리(Tengri), 즉 하느님을 믿는 천신사상이 지배하였으므로 샤머니즘이 일찍부

20) 김구진, 상게서, p221
21) 사시키 고칸, 상게서, p30

터 동북아 종교 사상의 배경이 되었을 것이라고 주장했다. 오늘날 학계에서는 샤머니즘을 서양의 고대 그리스 역사로까지 확대 적용하고 있다.[22)]

### 2) 한국의 샤머니즘 연구사

#### ① 조선총독부와 일본인 학자의 콜로니얼 샤머니즘적 관점

한반도에서 샤머니즘이라는 말은 19세기 서양선교사들이 한국의 토착신앙을 지칭하는 말로 주로 사용하였다. 록힐(W. W. Rockhill)은 무당과 관련한 종교적 현상을 '한국의 귀신학'으로 소개하였고, 손더슨(H. S. Saunderson)은 조선 사회의 샤머니즘 만연 현상을 미신이라고 지적하였는가 하면 그리피스(E. Griffis)는 조선의 샤머니즘을 선교사들이 나서서 추방해야 할 대상으로 지목하였다. 대부분의 서양 선교사들이 조선의 샤머니즘을 부정적 시각으로 바라보고 척결해야 할 대상으로 여겼던데 반하여 언더우드(H. G. Underwwod)는 샤머니즘을 미신이라고 낙인찍기보다 하나의 종교적 소전통으로 이해하려

22) 김구진, 상게서, p222~p224

는 입장을 보였다.[23]

이러한 선교사들의 입장은 조선총독부를 위시한 식민통치자들에게 그대로 계승되었다. 조선총독부의 경찰부장을 지냈고 조선 민속에 일가견을 가졌던 이마무라 도모에(今村鞆)의 진술에서 식민통치자들의 미신론과 식민통치의 정당성 확보 의도를 엿볼 수 있다.

甲子歲大院君の追放を受けたる京城の巫女は悉鷺梁津に集まり爾來此地巫の本據地たるに至れり. 其最全盛を極めたるは開國五百年にして其數百六十に達せりと云ふ, 其後開國五百二年東學黨の蜂起に際し韓國上下の動搖と共に巫女の取締も自然緩慢に流れ追放中の巫女漸次京城に還せしが, 光武八年の再追放して再茲に集合し京城より來て祈禱を請ふ者, 每月平均五十人を下らざりしも併合後各地共迷信の減退と取締の周到との兩方面より壓迫せられ非常に減少せり[24]

갑자년(1864년) 대원군이 추방명령을 내려 경성의 무녀가 모두 노량진에 모여든 이래 이곳은 무속의 본거지가 되었다. 가장 성황을 이루던 때는 개국 500년(1892년)이었고 그 수가 160곳에 달했다고 한다. 그 후 개국 502년(1894년) 동학당의 봉기가 일어났을 때 전국이 들썩이자 무녀 단속도 자연히 느슨해져 추방당했던 무녀들이 속속 경성으로 돌아왔지만, 광무 8년(1904년) 재추방령이 떨어져 다시 이곳(노량진)에 모여들어 경성에서 찾아와 기

23) 전경수, 「'무속' 연구 백년의 대강(大綱)과 굴곡–이능화 이후–」, 『민속학연구』 제31호, 국립민속박물관, 2012, p9~p11

24) 이마무라 도모에(今村鞆), 『朝鮮風俗集』, 斯道館, 1914, p455

도를 청하는 자가 월평균 50명에 가까웠다. 병합 후(1905년)에는 전국의 미신 쇠퇴와 단속 실시라는 이중 압박을 받아 급격히 감소하였다.

조선총독부의 촉탁을 받아 식민지 조선에 대한 학술적 연구를 시도했던 도리이 류조(鳥居龍藏)도 조선의 무당은 낡은 유습으로 현대문명과 관련이 없고 연구가치가 없다고 폄하하면서, 조선 사상과 문화에 대한 식민통치를 정당화하기도 했다.

이러한 식민통치 세력의 미신론은 '문명 대 야만'이라는 구도에 입각한 논리 전개였는데, 이는 19세기부터 20세기 초에 전개된 전형적인 정치담론이었다.[25] 이에 대해 김성례는 조선 무속을 식민지 조선의 고유한 민간신앙으로 인정하면서, 한편으로는 미신으로 규정하여 단속하는 이중적인 식민정책이 바로 전형적인 식민지 규율권력의 행사라고 하였다.[26]

무라야마 지준(村山智順)은 총독부에서 촉탁을 받아 현지연구를 수행한 뒤 조선 무속에 관한 저서를 여러 편 내놓았다. 그는 무속에 관한 종교 형태를 '무격신앙'이라고 불렀다. 강신무, 세습무, 학습무, 주술사 등을 모두 포함한 넓은 의미의 정의였다. 아카마쓰 지조(赤松智城)와 아키바 다카시(秋葉隆)는 한국 샤머니즘을 사회과학적으로 접근했고, 특히 무속이라는 용

25) 전경수, 상게서, p18~p19

26) 김성례, 「일제시대 무속담론의 형성과 식민적 재현의 정치학」, 『한국무속학』 24, p37

어를 대중화하는 데 크게 기여했다.[27)]

### ② 19세기 말 무속연구 초기의 역사주의적 관점

조선 유학자들의 문서 가운데 '무속'이라는 말은 단 두 번 등장한다는 점이 참으로 흥미롭다. 1678년 윤선도가 아들에게 보낸 편지와 1925년 면우(俛宇) 곽종석(郭鍾錫)의 제례에 관한 질문에 답하는 편지 속에 나온 것이 전부인데, 두 곳 모두 유학자들의 음사론(淫祀論)적 관점에서 사용되었다.[28)] 김교헌은 한말 제국주의 열강에 대항하는 민족주의적 기운에 따라 민족혼의 근원으로 삼는다는 의미에서 '신교(神敎)'라는 말을 사용하였다. 신화적 존재에 머물렀던 단군을 역사적 존재로 재창조하고, 샤머니즘을 교조와 교리를 갖춘 체계화된 민족종교로 재현하려던 것이다. 신교(神敎)라는 말은 본래 난곡(蘭谷)의 『무당내력(巫黨來歷)』에 처음으로 등장하였고, 국권상실 이

27) 조남욱, 「샤머니즘의 개념과 접근방법의 관계에 관한 연구-한국 무속사의 용어를 중심으로」, 서울대학교 대학원 석사논문, 2005. p31

28) 1678년 윤선도의 편지 :『孤山遺稿卷』5上, '寄大兒書', "而所謂祈禱者. 不過尼丘山之意也. 無孔顔之積善而禱之. 則不亦益神之怒乎. 況從巫俗無稽之說而禱之乎. 非徒無益. 而又害之者. 此等之謂也. 不但可笑 而已也" 1925년 면우 곽종석의 편지 :『俛宇先生文集』卷48, '答李舜肇', "扱匙飯中. 有似巫俗. 只正置於楪上如何. 飯而扱匙. 豈有君子巫俗之別耶. 只可遵行." ; 전경수, 상게서, p14 주석 인용

후 김교헌의 『신단민사(神壇民史)』, 박은식의 『한국통사(韓國通史)』, 신채호의 『조선상고사(朝鮮上古史)』 등 문헌고증학적 연구를 통해 심화되었다.[29]

일제 강점기 때는 일본 학풍의 영향을 받아 무속(巫俗) 혹은 살만교(샤머니즘)라고 불렀다. 한편 '무속(巫俗)'이라는 명칭은 이능화가 『조선무속고(朝鮮巫俗考)』에서 처음 사용하였다. 『조선무속고』는 조선 무속의 유래를 고조선에서부터 조선시대까지 문헌에 나타난 샤머니즘 현상을 기록한 책으로서 무속을 본격적으로 기술한 최초의 연구서였다.[30] 이능화는 『조선무속고』에서 한국의 무속과 일본의 진구(神宮), 만주의 살만(薩滿)이 모두 의례 때 방울을 사용한다는 점에서 근원이 같다고 보았다. 그는 한, 중, 일 세 나라의 공통점을 여러 번 강조하였는데, 이는 3 · 1만세운동 이후 일제가 펼친 일선동조론(日鮮同祖論)에 편승한 결과였다.[31] 한국 학자들의 무속 연구는 일제의 식민지 정책에 반대하는 민족종교론으로 발전하였다. 최남선의 '불함문화론(不咸文化論)'이 대표적이다. 불함문화론에는 '조선을 통하여 본 동방문화의 연원과 단군을 계기로 한 인류문화의 일부분'이라는 부제가 붙어있다. 최남선은 불함문화론에서 일본 최남단 지역인 류큐에서 동북아, 중국, 몽고, 발칸

29) 조남욱, 상게서, p88
30) 김성례, 상게서, p90
31) 김성례, 상게서, p91

반도에 이르는 방대한 영역을 불함문화권으로 묶고 그 중심에 조선의 천신이자 태양신인 단군신앙이 자리한다는 논지를 펼쳤다. 일제가 강요했던 일본 신도의 논리를 뒤집어서 단군신앙의 광명사상을 조선신도라고 부르기도 했다.

### ③ 실증주의적 관점

손진태와 김효경 등은 '민중의 사회적 습속'이라는 뜻의 '민속' 개념을 신화적 차원에서 민간신앙 차원으로 끌어내렸다.[32] 손진태는 무격교, 무격종교라고 칭하였고, 김효경은 무당이즘이라는 용어를 썼다.[33] 김효경은 샤머니즘을 인류 종교발달의 보편적인 한 단계로 파악하면서, 조선의 무당이즘이 유불선의 영향을 받아 다른 지역에 비해 의례가 더 정교하게 발달했고 경전도 세련되어졌다고 주장했다.[34]

32) 김효경, 상게서, p93
33) 조남욱, 상게서, p26
34) 조남욱, 상게서, p28

### ④ 현대의 샤머니즘 연구

해방 이후 한국의 무속연구는 1960년대 중반부터 본격화되었다. 김열규는 무속적 제의현상 및 무속설화를 연구하였고, 이부영은 민속연구에서 정신분석학 및 분석심리학적 방법론을 개척하였다. 1970년대에는 무속에 대한 다각적인 연구가 질적 양적으로 급속히 성장하기 시작했다. 김태곤과 서대석은 무속 및 무가연구를 위한 자료를 집대성하였고 김태곤, 최길성은 무속을 체계적으로 정리하였으며, 김열규와 임동권은 무속적 설화, 무가를 신화 및 심리 측면에서 연구하는 등 교육철학적, 음악 및 연극학적, 분석심리학적, 의료인류학적 측면에서 광범위하게 이루어졌다. 1980년대에는 지금까지의 무속연구가 집결되어 서대석의 국조신화론과 구비문학으로서의 무가 전승론적 연구가 전개되었다. 현용준은 『제주도 무속자료사전』을 통해 제주도 무속을 종합하였으며, 김태곤은 무속의 사고구조와 한국인의 의식 원형을 체계화하였다.[35] 한국샤머니즘학회에서 한국과 중국, 일본의 샤머니즘 개념 형성과 전개에 관한 논문을 발표한 바, 한 · 중 · 일 삼국의 샤머니즘 연구 전반을 개괄한 시리즈로서 삼국의 관계성을 살펴볼 수 있다.

---

35) 박미영, 「한국 전통문화로서의 무속신앙과 불교의 습합」, 아주대학교 교육대학원 박사논문, 아주대학교, 2002, p5~p6

### 3) 일본의 샤머니즘 연구사

일본에서 샤머니즘 연구는 1900년대 초 민속학자 야나기다 구니오(柳田国男)에 의해 시작되어, 오리구치 시노부(折口信夫)와 나카야마 다로(中山太郎)를 거쳐 현대로 계승되었다. 현대에 들어와서는 샤먼, 샤머니즘, 트랜스, 엑스터시, 포제션 등과 같은 용어들이 무녀연구에 쓰였고, 1960년대 중반 이후에는 종교학과 인류학, 민속학, 정신의학, 사회심리학 등 분야에서 일반화되면서 1970년대에는 일정한 개념들로 통용되었다. 여성 무녀에 남성 무격까지 포괄한다. 1980년대에는 미코 연구가 샤머니즘 연구로 대체되었고, 해외 연구 성과를 의식하여 서구 샤머니즘 연구 이론을 도입했으며, 현장조사에 입각한 실증적 연구를 토대로 비교연구가 진척되었는가 하면, 이론과 현장조사 양 측면에서 샤먼 및 샤머니즘의 틀을 재고하려는 경향이 생겨났다. 이때 샤머니즘의 용어와 정의, 유형 문제가 활발히 논의되어, 일본의 무녀를 샤먼이라는 용어로 지칭할 수 있는지에 대한 찬반 논란이 빚어졌다. 호리 이치로(堀一郎)는 샤머니즘이라든가 무속이라는 단일한 범주로 묶는 것에 대해 부정적인 입장이었다. 반면 종교학자 오구치 이이치(小口偉一)는 정령과의 직접적인 교통을 샤먼의 중요한 특징으로 이해하여 일본 미코, 이치코, 구치요세 등을 샤먼의 범주로 묶었다. 민속학자 사쿠라이 도쿠다로(桜井徳太郎) 역시 일본의 무녀를 샤먼으로 규정했다. 무녀를 샤먼으로 무속을 샤머니즘으로 지칭하는 태도는 일반적 인식으로 수용되었다. 이는 종교학자 엘리아데에서 비롯된 탈혼(ecstasy)과 빙령(possession)이라는 번역어가 정착되면서 일본 샤머니즘을 탈혼형과 빙의형으로 유형화하려는 경향이 빚어낸 결과였다. 엘리아데가 정의한 탈혼형만을 샤먼으로 인정하는 좁은 의미의 샤먼과 시로코고로프의 정의에 따른 '정령의 통제자'인 넓은 의미의 샤먼으로 이해하려는 입장으로 나뉘었다. 1990년대에 들어오면 네오 샤머니즘의 이론과 실천서들이 속속 등장하고 샤먼과 샤머니즘을 확장된 개념으로 이해하는 경향이 확산된다. 도시공간에서의 샤머니즘(후지타 쇼이치(藤田庄市)), 세계종교 내의 샤머니즘적 요소, 구제자로서의 샤먼(가와무라 구니미쓰(河村邦光)), 현대 대중문화 속의 샤머니즘 등 관심이 증폭되었다. 더불어 종교학자 사이토 히데키(斎藤英喜)는 엘리아데 비판에 대한 반비판을 전개하여 샤먼의 성무 과정 중심으로 다시 읽어야 할 것을 강조했다.[36)]

36) 박규태, 상게서, p36~p40

### 4) 한국과 일본의 종교습합 비교연구사

한국의 종교습합 연구는 최남선의 '불함문화론(不咸文化論)'과 이능화의 『조선무속고』를 비롯하여 신채호 · 김교헌 등에 의해 이루어졌다. 이들의 연구는 일제강점기라는 시대적 요청 아래 민족의 정체성을 확인하려는 노력의 일환이었다. 해방 이후에는 민속학자들에 의해 무불습합론 중심으로 논의가 전개되었다. 대표적으로 임동권, 김태곤, 홍윤식, 최길성을 들 수 있다. 홍윤식의 『불교민속학의 세계』(1996)와 편무영의 『한국불교 민속론』(1998)은 무불습합 논의를 확대 본격화했다는 의의를 갖는다.[37)]

일본의 신불습합 연구는 본지수적설(本地垂迹說)과 관련하여 쓰지 젠노스케(辻善之助)와 무라야마 슈지(村山修一)의 연구가 대표적이다. 쓰지 젠노스케는 신도와 불교가 습합하면서 본지수적설이 전개되는 역사적 과정을 개괄적으로 고찰하였고, 무라야마 슈지는 숱한 문헌들을 통해 신불습합의 전개와 여러 신도의 성립, 본지수적설의 성격에 대해 고찰하였다.[38)]

37) 김용덕, '불교민속의 형성과 전승과제', 『불교평론』 41호, (재)만해사상실천선양회, 2009, http://www.budreview.com/news/articleView.html?idxno=898(검색: 2013년 9월 1일)

38) 정천구, 「본지수적설(本地垂迹說)과 불국토사상(佛國土思想)의 비교-『佛祖統紀』·『三國遺事』·『元亨釋書』를 중심으로-」, 『정신문화연구』 제31권 제1호(통권 110호), 한국학중앙연구원, 2008, p60

한편 1907년에 발표된 쓰지 설에 대해서는 쓰다 소키치(津田左右吉)와 요시다 가즈히코(吉田一彦)가 반론을 제기하였다. 일본의 신불습합사상은 일본 고유의 종교사상이 아니라 중국 불교사상의 수입이라고 지적하였다. 그러나 쓰다 소키치의 논증은 상세하지 않았고, 요시다 가즈히코의 논리도 포괄적인 신불습합론을 재구성하지 못했다.[39] 이밖에 아카마쓰 데쓰신(赤松徹真)의 「일본불교사에 있어서 '신불습합'에 관한 연구」(2009)[40]가 있다.

한국과 일본의 무불습합, 신불습합을 서로 비교한 연구물은 과소한 편이다. 고대 이후의 한반도계 도래문화에 대한 연구와 저작물들은 많지만 체계화되지 않은 느낌이다. 재일학자 김달수의 『일본 속의 한국문화 유적을 찾아서 1, 2, 3』과 국립민속박물관에서 간행한 『한국민속학 · 일본민속학』 시리즈와 같은 저작물이 있고, 유동식의 「가람구조 및 불화를 통해 본 한 · 일 불교수용형태의 비교고찰」(1976)과 박계홍의 「한 · 일민간신앙의 비교고찰」 시리즈, 최길성의 「동북아세아 샤머니즘의 비교」(1999), 정천구의 「본지수적실과 불국토사상의 비교」 연구논문이 있다. 일본 쪽에는 다카마쓰 게이키치(高松敬吉)의

39) http://www5.ocn.ne.jp/~fugeki/kenkyuhen_subupage1.html#top (검색일 : 2013년 10월 10일)

40) 赤松徹真, 日本仏教における「神仏習合」に関する研究」, 『仏教文化研究所紀要』 第48輯, 竜谷大学仏教文化研究所, 2009

「샤머니즘의 비교연구−일본 · 한국 · 중국을 중심으로」(1994)가 있다.[41)]

41) 高松敬吉, 「シャーマニズムの比較研究 − 日本 · 韓国 · 中国を中心に−」, 『比較民俗研究』 9, 1994

# 3. 연구방법

종교는 신념체계(belief-system)와 실천체계(practice-system)가 유기적 관계를 지니고 있으며, 이러한 유기적 통합체로서의 종교가 역사적 여건(historical setting)과 상호 작용을 하는 이른바 삼중관계(三重關係) 안에서 자체 성격은 지워지고 자체 변화를 갖는다고 한다.[42] 유동식은 한국과 일본의 불교 수용 역사에 대하여 '불교전래의 단계' '불교해석의 단계' '불교토착화' 등 세 단계로 구분하여 양국의 차이를 논한 바 있다.[43] 본고는 한국과 일본의 종교습합을 불교 전래 전후로 나누어 살펴볼 것이다. 한국과 일본의 상호교류가 활발했고 불교가 전래되어 토착화하는 시기였던 고대에서 중세에 해

---

42) 윤이흠, 「한국 고대종교의 통합적 이해를 위한 연구-비단길 기마민족과의 관계를 중심으로-」, 『철학사상』 제16권 별책1호, 2003, p77

43) 유동식, 「가람구조 및 불화를 통해 본 한 · 일 불교수용형태의 비교연구」, 『신학사상』 통권 제14호, 연세대학교 한국기독교문화연구소, 1976, p607~p612

당하는 시기에 초점을 맞추어 양국의 습합 유형을 비교하고자 한다.

# Ⅱ. 본론

# 1. 한국의 종교습합 유형

## (1) 불교 전래 이전의 한국 고유 신앙

### 1) 한국 샤머니즘의 원형

무당을 중심으로 한 샤머니즘, 즉 무속은 고유 신앙 중에서도 독보적인 위치에서 한국인의 종교 감각을 좌우한다. 외래종교인 불교에 대해 한국의 고유한 종교전통이라는 점에서 고유 신앙 또는 토착신앙 등으로 표현할 수 있다. 고유 신앙에는 모든 사물에 영혼이 깃들었다고 믿는 애니미즘(Animism)이나, 동물을 수호신으로 여기는 토테미즘도 포함된다. 그러나 고대 사회 형성의 구심점이자 세계관, 가치관을 좌우했던 것은 역시 영적 존재와 인간의 상호작용을 주관했던 무속일 것이다. 특히 고대 동아시아의 맹주로 군림했던 중국으로부터 한자문

사진1. 마한시대의 복골. 복골은 주로 사슴과 멧돼지의 뼈를 다듬고 불로 지져서 생기는 구열(龜裂)을 보아 점을 친다. 마을 유적에서도 특정 주거지에서만 출토되며 그 거주자는 종교전문가, 즉 무격이었음을 알 수 있다.(출처: 네이버 지식백과)

화가 들어오기 전, 고조선 이전까지 거슬러 올라가서 고유 신앙의 진정한 의미를 논할 수 있다.

한반도에 무속이 출현한 시기는 대략 신석기에서 청동기시대라고 한다. 언제 발생했고 한반도에는 언제 정착했는지 확실하지 않지만, 무산 호곡이나 김해 부원동 같은 청동기시대 마을 유적에서 출토된 복골(卜骨)을 통해 그 시기를 짐작할 수 있다. 복골은 주로 사슴과 멧돼지의 뼈를 다듬고 불로 지져서 생기는 구열(龜裂)을 보아 점을 친다. 복골은 마을 유적에서도 특정 주거지에서만 출토되는데, 그곳의 거주자가 직업적 종교전문가, 즉 무격이었음을 알려준다.

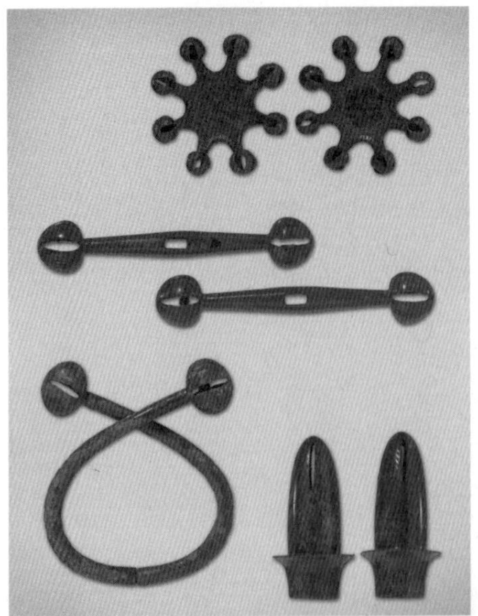

사진2-1. 전 덕산 청동방울 일괄. 문화재청 공공누리.

사진2-2. 중국의 동령(銅鈴).
좌측: 은대(殷代)에서 서주(西周) 추정, 우측: 전국(戰國)시대 추정.

사진2-3. 일본 고분(古墳)시대(4~7세기)의 방울 달린 청동거울. 교토국립박물관(京都国立博物館) 소장.

한문수용 이전의 한국 고대문화는 중국보다 중앙아시아의 기마민족과 가까운 관계를 가졌다. 고조선대의 양날 석검(石劍)이나 신라 왕관의 성수(聖樹)와 녹각(鹿角) 도안 장식, 익산에서 출토된 원형유문(圓形有文) 청동기는 북방 샤머니즘과 밀접한 관계를 방증한다. 트랜스바이칼 · 북몽고 · 중국 동북지방을 거쳐 한반도까지 분포했던 청동기 시대의 석관묘(石棺墓), 고구려 각저총의 씨름도 벽화가 이를 예증한다. 언어적으로 알타이어족에 속하며 문화적으로는 샤머니즘 문화에 속한다. 신석기 시대 유적과 초기 철기 시대 유적에서 발견되는 패각 · 수골 · 토제인형 등의 신상(神像)은 퉁구스 에벵키족 샤먼의 목제 신상과 흡사하고, 방패형 청동기에 그려진 나무 위의 새 그림(세계수)이나 검파형 청동기의 사슴과 사람 손 문양은 샤머니즘과 밀접한 관련이 있다고 본다. 원반형 청동기는 무구(巫具)의 하나인 명도(청동거울)를 연상시키며 청동기 방울은 무속의례에서 빼놓을 수 없는 신물(神物)이다.

수렵 · 어로인의 세계관이 반영된 울산 반구대 암각화에서도 의례 장면을 찾아볼 수 있는데 이것 역시 무속의 일면으로 해석된다.[44)]

이와 같이 한문 수용 이전 고조선은 구석기 시대부터 내려오는 샤머니즘 사회였고, 북방 기마민족으로부터 기마술과 청

44) 윤이흠, 상게서, p89~p95 ; 서영대 외, 상게서, p27~p29

동기 문화를 전해 받았다. 샤머니즘의 사상적 특징은 영육이원론(靈肉二元論)이다. 영혼이 육체를 잠시 떠나 여행하고 돌아온 경우 그 여행 내용이 꿈으로 기억된다고 믿었다. 이는 수렵채취 생활의 경험에서 유래했다. 영육이원론의 세계관으로 세상과 인간의 삶을 해석하는 전통이 샤머니즘이다. 엘리아데는 엑스타시에 대해 샤먼의 영혼이 지하세계를 다녀오는 이른바 영혼여행을 외적으로 표상하는 상징이라고 했다. 영혼여행을 영혼이 육체에 갇혀 있는 현실에서 영혼의 자유를 구가하는 현상이라고 해석한 것이다.

샤머니즘이라는 구체적인 종교전통의 총체적 특징은 샤머니즘 세계관에 반영된다. 신내림을 받아 무당이 되어 몸주신을 모시고, 굿을 벌이며 다양한 신들의 공수를 각각 내리는 의식과, 무당의 몸 밖에 존재하는 다양한 신령들이 차례로 무당의 몸에 들어오는 과정에서 무속 현상이 일어난다. 이러한 영육이원론적 세계관이 샤머니즘의 고유한 특성이다. 고대사회 샤머니즘 세계관의 영향으로 고대의 모든 지역에 인간의 영혼과 귀신 사이에 일어나는 무속 현상과 유사한 내용의 신화가 존재한다. 샤머니즘은 신화시대를 주도한 신념 체계였던 것이다. 이러한 북방 샤머니즘적 무속 체계는 기원전 108년경 한사군(漢四郡)이 설치되어 한반도에 한문과 철기 문화가 흘러

들어오면서부터 변화하기 시작한다.[45)]

## 2) 무속적 세계관

샤머니즘의 '영혼 불멸설'에 대한 역사적 사례는 순장(殉葬)이나 순사(殉死)가 있다. 내세에 재생하리라는 믿음에서 비롯된 관습이다. 만주지역에서 발생한 고구려와 부여 사회의 순장 기록이 『삼국사기』 '고구려 본기'에 남아 있다.

> 秋九月王薨葬於 柴原 號曰 東川王 國人懷其恩德莫不哀傷近臣欲自殺以殉者衆嗣王以爲非禮禁之至葬日至墓自死者甚多國人伐柴以覆其屍遂名其地曰 柴原
>
> 가을 9월에 왕이 서거하였다. 시원(柴原)에 장사지냈다. 이름을 동천왕이라 하였다. 나라 사람들이 그 은덕을 생각하며 슬퍼하지 않음이 없었다. 가까운 신하들이 자살하여 따라 죽으려고 하는 자가 많았으나, 새 왕이 예(禮)가 아니라 하여 이를 금하였다. 장례일에 이르러 무덤에 와서 스스로 죽는 자가 매우 많았다. 나라 사람들이 잡목(柴)을 베어 그 시체를 덮었으므로 결국 그 땅의 이름을 시원이라 하였다.[46)]

---

45) 윤이흠, 상게서, p77~p78

46) 『三國史記』 권17, 高句麗本紀 제5, 동천왕 22년 가을 9월, 국사편찬위원회 데이터베이스, http://db.history.go.kr/url.jsp?ID=NIKH.DB-sg_017r_0020_0150(검색일 : 2013년 9월 30일)

고구려 제11대 동천왕이 죽었을 때 순사한 사람들의 시체를 잡목으로 덮어주어 시원(柴原)이라고 불렀다는 기사이다. 다음 세상에서 그들이 섬기던 왕과 함께 살고자하는 충성심의 표현이었다. 여기에 이승과 저승의 단순한 통과의례라고 여기는 샤머니즘 원리가 결합하여 자발적인 순사와 같은 극단적인 행위를 야기한 것이다. 샤머니즘의 영혼 불멸성과 내세의 재생에 대한 굳은 믿음이 엿보인다. 순장에 관한 기록은 중국 은(殷)나라와 부여(夫餘)때도 있었다. 부여가 은나라의 순장 풍습과 은력(殷曆)을 사용했다는 점에서 두 나라의 문화적 근친성을 가늠함직 하다. 초기 고구려인인 맥족(貊族)도 부여인과 분화하지 않고 예족(濊族)과 맥족(貊族)이 공생하던 때에는 순장을 행했으리라 짐작된다. 기원전 3세기의 '기단 없는 적석총'에서 고구려인의 순장 흔적이 발견되는 등, 부여와 고구려는 물론 중국 은나라 왕조까지 연결되는 순장과 순사 풍습에서 샤머니즘적 세계관이 드러난다.[47)]

한편 고구려인의 용맹성과 상무정신의 근저에 삶과 죽음을 초월한 샤머니즘이 깔려있다고 보는 연구도 있다. 김구진은 고구려가 수(隋)나라와 당(唐)나라의 연이은 침략을 받아 70년 동안 대항하였을 때를 예로 들었다. 수양제와 당태종이 총

---

47) 김구진, 상게서, p224~p226

력을 기울여 공격하자 고구려의 상하가 똘똘 뭉쳐 청천강 전투에서 대승하고, 안시성을 지키고자 끝까지 항전하였던 힘의 원천을 샤머니즘적 세계관과 연관시켰다. 고려인들은 샤머니즘의 내세관을 철저히 믿었기에 죽음을 두려워하지 않고, 목숨을 내걸면서까지 중국의 침략군과 맞섰던 것이다. 이는 고구려시조 동명성왕이 황룡으로 변하여 하늘에서 내려와 고구려의 국난을 구원하리라는 믿음에서 유래했다고 보았다. 샤머니즘적인 주몽신화가 수, 당 침략기에 민족종교로 승화한 것이다. 이후 고구려 고분 벽화에는 초기의 생활 풍속도나 중기의 불화가 사라지고 후기의 황룡도와 사신도가 널방(玄室)의 천장과 벽면을 차지하게 된다.[48]

만주 샤머니즘에서는 현세의 삶이 바로 다음 세상과 연결되고 '죽은 자의 영혼'은 생시와 똑같은 희로애락을 느낀다고 믿었다. 이는 고구려 고국원왕(故國原王)과 그의 왕비 우씨(于氏), 그리고 고국원왕의 동생이자 후임왕인 산상왕(山上王) 사이에 벌어진 '형사취수제(兄死娶嫂制)' 이야기를 통해서 알 수 있다.

> 秋九月大后于氏薨大后臨終遺言曰妾失行將何面目見 國壤 於地下若羣臣不忍擠於溝壑則請葬我於 山上王 陵之側遂葬之如其言巫者曰 國壤 降於予曰昨見于氏歸于川上不勝憤恚遂與之戰退而思之顔厚不忍見國人爾告於朝遮我以物是用植松七重

48) 김구진, 상게서, p227~p228

於陵前

가을 9월에 태후 우씨(于氏)가 죽었다. 태후가 목숨이 끊어지려 할 때에 유언하기를 "내가 도의에 어그러진 행동을 하였으니 장차 무슨 면목으로 지하에서 국양(國壤)을 뵙겠는가? 만일 여러 신하들이 차마 구렁텅이에 빠뜨리지 못하겠으면, 나를 산상왕릉 옆에 장사지내주기 바라오."라 하였다. 마침내 그 말과 같이 장사지냈다. 무당이 말하기를 "국양왕이 저에게 내려와서 말씀하시기를 '어제 우씨가 산상왕에게 돌아가는 것을 보고 분하고 화가 나는 것을 이길 수 없어 결국 함께 싸웠다. 돌아와 생각해보니 얼굴이 두꺼워도 차마 나라 사람들을 볼 수 없다. 네가 조정에 알려 물건으로 나를 가리게 하라.'고 하셨습니다."라고 하였다. 이에 능 앞에 소나무를 일곱 겹으로 심었다.[49]

자신이 죽은 뒤 자기 동생인 산상왕에게 시집갔던 왕비 우씨가 죽어 저승에 오자 분노와 수치심에 무당에게 나타나 자신의 무덤 앞을 물건으로 가려달라고 하였다는 설화이다. 여기서 고구려인의 생사를 동일시하는 관념을 알 수 있다. 고구려인은 죽은 뒤에도 산 사람과 똑같은 감정을 갖고 질투와 수치를 느낀다고 여겼던 것이다. 원문 가운데 '국인(國人)'이란 왕릉을 지키던 '연호(煙戶)'라고 보이며 이는 곧 '국연(國煙)'으로서 무당이다. 죽은 자와 산 자의 영혼을 교감시켜 주고 죽은 자의

49) 『三國史記』 권17, 高句麗本紀 제4, 동천왕 8년 가을 9월, 국사편찬위원회 한국사데이타베이스, http://www.history.go.kr/url.jsp?ID=NIKH.DB-sg_017_0020_0060(검색일 : 2013년 9월 30일)

사진3. 김대례 씻김굿(출처: 네이버 지식사전)

원한을 풀어주는 무당인 샤먼의 권능을 보여주는 일화이다.[50)]

이승과 저승을 동일시하는 무속의 세계관은 무굿을 통해서도 표현된다. 대표적인 무굿인 씻김굿에는 망자를 극락으로 천도하기 위해 죽음의 오예(汚穢)를 깨끗이 씻어낸다는 의미가 담겨있다. 씻김굿 순서 중에 바리공주로 알려진 '말기거리'는 저승 12대문을 무사히 통과하여 극락세계로 왕생하도록 바리공주가 애쓰는 대목인데, 여기서 산 자와 죽은 자 사이의 화해가 이루어진다. 죄의식이나 갈등과 같은 감정을 표출시켜서 그 의미를 파악하고 해석하여 스스로 치유토록 이끌어준다.

50) 김구진, 상게서, p228~p230

죽음은 자체가 부정(不淨)한 것이기에 산 자에게 영향을 주지만, 씻김굿을 통해 망자는 조상신으로 정좌하여 산 자와 새로운 관계를 맺는다. 이처럼 이승과 저승 사이의 불분명한 경계성은 굿이라는 일종의 통과의례를 거쳐, 망자가 이승의 시공간에서 분리되어 저승으로 통합된다.[51)]

샤머니즘적 세계관은 영혼불멸설을 바탕으로 이승과 저승을 수평적 구조로 이해한다. 이승에서 육신은 사라져도 영혼은 저승에서 재생되리라 믿었다. 저승에서 부활하리라는 신념은 고단한 현실을 극복하는 힘의 원천이었다. 망자의 영혼은 생시와 똑같이 희로애락을 느끼며, 원한이 남았을 때는 산 자에게 영향을 끼치므로 굿을 통해 해소해야 하고, 그때 죽은 자와 산 자는 저승과 이승에 시공간적으로 나뉘어 새로운 관계를 맺는다.

### 3) 천신사상과 건국신화

고대인의 초기 신앙 가운데 자연물에 대한 경외심을 담은 정령신앙은 인간에게 적용되어 조령신앙(祖靈信仰)을 낳았다. 농경생활이 정착됨에 따라 생산과 풍요를 기원하는 산령신앙,

51) 현재우, 「무교(巫敎) 내세관의 특징: 불교와의 습합(習合)과 차이를 중심으로」, 『한국종교연구』 제9집, 서강대학교 종교연구소, 2008, p11~p13

곡령신앙으로 발전한다.[52] 제천의식은 그러한 기원의 구체적인 실천행위이다. 「위서 동이전(魏書 東夷傳)」에 따르면 부여의 영고(迎鼓)나 고구려의 동맹(東盟), 그리고 동예의 무천(儛天)과 삼한의 소도제(蘇塗祭)와 같은 제천의식이 행해졌다. 이러한 천신제는 천지와 인간의 생사화복(生死禍福)을 주재하는 '하느님'에 대한 신앙이 전제된 무교적 신관념에 기초해 있다.[53] 무교적 신관념에 기반해서 사회를 지배하는 인물을 일컫는 말이 무왕(巫王, shaman-king)이다.[54] 고대사회에서 이데올로기는 종교, 신화, 제의가 그 역할을 담당하는데 특히 종교는 결정적인 명분을 제공했다.[55] 한국 고대국가의 건국은 천신신앙, 즉 무교에 의해 정당화되었다.

신석기 시대부터 청동기 시대 기원후 7세기까지 무교는 한국 고대국가의 정치와 사회, 개인 등 모든 영역에서 기능을 발휘했다.[56] 고대국가[57] 이전의 지배자는 무왕의 성격을 지녔으

---

52) 오출세, 『한국 민간신앙과 문학연구』, 동국대학교 출판부, p366

53) 유동식, 상게서, p604

54) 박대복, 「건국신화의 천관념과 무관념」, 『어문연구』 제32권 제3호, 한국어문교육연구회, 2004 가을, p213

55) 오출세, 상게서, p366; 차남희, 「한국 고대사회의 정치변동과 무교: 고대국가 건국을 중심으로」, 『한국정치학회보』 제39집 2호, 한국정치학회, 2005 여름, p302

56) 서영대 외, 상게서, p29

57) 차남희는 한국의 고대국가 성립시기를 4~6세기로 보았는데 고구려 소수림왕(4세기 후반), 백제 근초고왕(4세기 중엽), 신라 법흥왕(6세기 전반) 이후를 중앙집권적 고대국가로 간주하였다. 주로 국호나 연호를 사용하며 율령을 반포하였고 공복제를 정하여 관제를 정비하였으며 태학 설립, 국사나 사

며 무속의 정치적 기능은 무왕의 존재에서 정점을 이루었다. 고대국가 성립과 제도화 단계에서 지배세력은 지배 정당성을 합리화하기 위한 기제로 천신신앙을 활용하였다. 강압적인 물리력의 한계를 극복하고자 천손강림의 건국신화를 만들어낸 것이다. 신화는 한 사회에서 무엇이 어떠한 과정을 통하여 신성을 확립해 갔는지를 보여주는 신성현현(神聖顯現)의 이야기[58]라고 할 때, 천신사상과 건국신화는 불가분의 관계를 형성한다.

고조선의 단군신화에 등장하는 환인(桓因)은 대표적인 천신이다.[59] 천신인 환인의 아들 환웅(桓雄)은 환인에게서 천부인(天符印) 3개를 받아 무리 3천과 풍백(風伯) · 우사(雨師) · 운사(雲師)를 거느리고 태백산 신단수 아래로 내려온다. 곡(穀) · 명(命) · 병(病) · 형(刑) · 선(善) · 악(惡) 등 360여 가지 인간사를 주관하며 인간 세상을 다스리고 교화한다. 환웅은 인간세계에 관심을 둔 인격신으로서 기후 신을 통솔하며, 풍요와 인간의 생명과 질병 치료까지 담당했고, 인간이 되고자 하는 곰을 변신시킬 능력도 지녔다. 이는 환웅이 세속적 군주 이상의 역

---

기 편찬 등 제도적 차원에서 국가체제를 갖추는 시기라고 하였다. 차남희, 상게서, p303

58) 차남희, 상게서, p305

59) 윤이흠은 '환인'을 인드라(Indra)의 한문 음차라는 점과 『삼국유사』에서 "환인은 제석(帝釋) 곧 천신을 의미한다"고 밝힌 점을 들어서 천지인 삼재(天地人 三才)의 형이상학적 사상에 담긴 중국식 지고신 개념과는 다른 '하늘님'임을 강조하였다. 윤이흠, 상게서, p103

사진4. 단군 영정. 원광대학교박물관 소장.

할을 담당했다는 의미인데 천신의 아들이자 무왕이었음을 상징한다. 샤머니즘의 대표적 상징물인 우주의 중심축, 즉 나무나 산, 기둥은 하늘과 땅이 소통하는 경로이다. 이 중심축은 샤먼이 천상과 지상을 오가는 매개물이기도 하다. 환인은 신단수 아래로 내려왔으며, 그가 하강한 지역을 신시(神市)라고 했던 데에서도 천상을 오가는 성스러운 땅이라는 의미를 읽을 수 있다.[60] 환웅의 아들인 단군의 완전한 이름 '단군왕검(檀君王儉)'에서 '단군'은 종교적 지도자를, '왕검'은 정치적 지도자를

60) 차남희, 상게서, p305~p306

뜻한다. 고조선의 지배자는 정치 권력자 이상의 초자연적 능력을 발휘하여 초월적 세계와 교류할 수 있는 종교적 지도자였음을 시사한다.[61)]

그리고 환웅이 환인에게서 받은 삼부인(三符印)에 대하여 부(符)와 인(印)이 관리의 신분을 증명하는 징표라고 보는 견해도 있다.[62)] 오늘날의 무구에 해당하는 방울, 칼, 거울이라고 해석하는 견해도 있다. 전자의 견해는, 환웅이 거느리고 온 풍백, 우사, 운사가 농경사회에서 가장 중요한 물을 주관하는 무격이라면, 삼부인은 농경에 관한 선진기술을 뜻한다고 보았다.[63)] 한편 고조선은 청동기 문화를 바탕으로 성립된 국가로서, 지배자들의 무덤인 석관묘에서 칼(세형동검)과 거울(정문경), 옥(곡옥이나 관옥)이 같이 출토되는 경우가 많다. 거울이나 옥은 종교적 의기(儀器)일 가능성이 크다. 이 출토품들이 고조선과 청동기 단계의 지배자가 종교적 기능까지 담당했음을 예증하는 고고학적 자료[64)]라는 견해에 비추어 보면, 무왕인 환웅의 삼부인을 방울, 칼, 거울 등의 무구로 대입할 수 있는 개연성도 높아진다. 이는 일본 황실의 신성성을 상징하는 삼종의 신기와 연관 지어 생각할 수 있는 문제이므로 뒤에서 논하

61) 서영대 외, 상게서, p30
62) 차남희, 상세거, p308
63) 차남희, 상게서, p308
64) 서영대 외, 상게서, p30

기로 한다. 국왕의 무왕적 성격은 『삼국지』「위서 동이전」에 실린 부여의 풍속과 『한원(翰苑)』 부여 기사에서도 구체적인 면모를 단편적으로 엿볼 수 있다.

> 舊夫餘俗, 水旱不調, 五穀不熟, 輒歸咎於王, 或言當易, 或言當殺
>
> 옛 부여의 풍속 중에 가뭄과 홍수가 고르지 못하고 오곡이 영글지 않으면, 왕에게 허물을 돌렸으니 혹은 왕을 바꿔야 마땅하다 하고, 혹은 왕을 죽여야 한다고 하였다.[65]

> 魏略曰, 夫餘俗, 有軍事, 殺牛祭天, 以牛蹄占凶, 合者吉
>
> 『위략』에서 이르기를 부여의 풍속에는 군사상의 일로 소를 잡아 하늘에 제사를 지내는데, 소의 발굽을 보고 길흉을 점쳤으니 (굽이) 모아져 있으면 길하다고 하였다.[66]

첫 번째 『삼국지』「위서 동이전」에 따르면 옛 부여(舊夫餘)의 왕은 기후가 순조롭지 못하여 흉년이 들 경우 자리에서 물러나거나 죽음을 각오해야 했다. 이러한 관념은 왕이란 마땅히 풍년을 들게 할 신통력을 갖춰야 한다는 인식이 전제된 것

---

65) 『三國志』 卷三十 魏書 三十 烏丸鮮卑東夷傳 第三十 夫餘, 국사편찬위원회 한국사데이터베이스, http://www.history.go.kr/url.jsp?ID=NIKH.DB-ko_004_0300_0010(검색일 : 2013년 10월 19일)

66) 『翰苑』, 蕃夷部 夫餘, 국사편찬위원회 한국사데이터베이스, http://www.history.go.kr/url.jsp?ID=NIKH.DB-ko_029_0040_0050(검색일 : 2013년 10월 23일)

사진5. 청동기 유물. 대구 괴정동 유적 출토(출처: 네이버 지식백과)
청동기 단계의 고조선에서 무왕(巫王) 환웅의 삼부인을 방울, 칼, 거울 등의 무구(巫具)로 대입할 수 있으며, 이는 일본 황실의 신성성을 상징하는 거울, 칼, 곡옥 등 3종의 신기(神器)와도 연관 지어 생각할 수 있는 문제이다.

이다. 옛 부여의 지배자는 신의 권능을 바탕에 둔 지도자이고 농작물의 풍작 여부에 따라 권력이 좌우되었음을 알 수 있다. 한편 옛 부여, 즉 고대국가 이전의 부여와 달리 두 번째 『한원(翰苑)』의 부여 기록에서는 무왕의 권위가 절대화되었음을 엿볼 수 있다. 소를 희생하여 하늘에 제를 올리고 그 소의 발굽을 보아 전쟁의 승패를 점쳤다는 사실은 전쟁에서 승리하면 왕의 권위는 더욱 강화되고 설혹 패하더라도 점복에 책임을 돌릴 수 있다. 따라서 왕의 권위는 이미 절대화되었다고 이해하는 것이다.

고조선을 비롯한 청동기 시대의 권력자가 가졌던 무왕적 성격은 철기 시대를 거치면서 크게 변질되기 시작한다. 그때까지 정치, 사회, 문화를 주도했던 무속의 입지가 변화했다는 의미이다. 청동기를 무기화한 부족은 이웃 부족을 정복하였고, 철기 시대에 와서 그러한 정복은 점점 대형화되어 전제적 고대국가 출현으로 이어진다.[67] 사회가 복잡해지고 영토 확장을 위한 전쟁이 빈번해지면서 왕에게 거는 기대의 내용이 변화한다. 풍요와 다산에 대한 희구에서 벗어나 사회 조직과 군대통솔 능력을 중시하여, 국왕의 종교적 기능이 줄어들고 무왕적 성격도 약해진다. 이러한 경향을 반영하듯 철기시대 이후 지배층의 무덤에서 출토되는 의기의 비중이 줄고 대신 무기의 비중이 늘어난다.[68] 그리하여 통치자의 지위가 제사장과 군장으로 분화된다. 이어서 군장의 통치 영역이 확장되어감에 따라 제의 담당자와 군장 사이에 기능적 분화가 일어난다. 그 단적인 예가 마한(馬韓)의 소도(蘇塗)이다. 『삼국지』「위서 동이전」 한조에 따르면 마한의 각 국읍에 제천의식을 주관하는 천군(天君)이 따로 있고, 소도(蘇塗)라는 별읍을 두었다고 한다. 군장을 중심으로 한 지배세력은 전쟁 수행 같은 군사력에 관여하고, 제사장인 천관(天官)은 제천의식을 주관하면서 소도에

67) 윤이흠, 상게서, p101

68) 서영대 외, 상게서, p31

국한된 권력만을 누리도록 분리된 것이다. 큰 나무를 세우고 방울과 북을 달아 귀신을 섬기는 곳인 소도는, 일종의 신성지역으로서 정치 권력이 미치지 못하는 치외법권의 영역이었다. 이는 소도 이외 지역에서는 왕권이 신권보다 우위를 차지했고, 고대국가 출현 이전부터 제정분리가 진행되었다는 의미로 해석할 수 있다. 예외적으로 제사장이 군장을 겸하기도 하고, 동옥저처럼 장수(長師)라고 하는 지도자만 존재하는 경우도 있었으나 왕권과 신권의 분화는 일반적인 현상이었다고 여겨진다.[69)]

그런데 철기 시대로 접어든 삼국시대에도 국왕의 무왕적 성격이 완전히 사라진 것은 아니었다. 국왕이 천신의 후예임을 강조하는 건국신화가 왕권 정당화의 논리로 여전히 유효했고, 이를 재현하는 절차인 국가 제사를 국왕이 직접 주재하였다. 예를 들어 신라의 '차차웅(次次雄)'이라는 말은 무당을 뜻하지만, 한때 왕의 칭호로 사용되었고, 왕의 예언 능력이 왕권을 정당화하는 논리로 동원되었다. 신라 제9대 벌휴왕(伐休王)은 풍운을 점쳐 수한(水旱, 수해와 가뭄)과 풍검(豊儉, 풍작과 흉작)을 미리 알았고 사람의 사정(邪正)을 꿰뚫어 보았다. 삼국 항쟁의 막바지였던 제27대 선덕여왕 때의 '지기삼사(知幾三事)'[70)] 설

69) 차남희, 상게서, p309

70) 지기삼사(知幾三事) : 향기 없는 모란꽃, 개구리 울음을 듣고 전쟁 조짐을 알아차린 것, 그리고 자신이 죽을 날을 예언한 것 등 선덕여왕이 예지력을

화는 국왕의 뛰어난 예언 능력을 부각[71]시킨다. 정치와 종교가 분리된 삼국시대에도 국왕의 종교적 권위가 살아있었음을 보여준다. 엘리아데는 "완벽한 군주는 반드시 '주력(呪力)'의 소유자였던 점에도 주목할 필요가 있다. '접신 능력'은 정치적 덕행과 마찬가지로 국조(國祖)에게는 필수불가결한 요소였다. 그 까닭은, 이 주술적인 권능이 곧 세계에 대한 권위와 지배를 정당화하는 가치였기 때문이다"[72]라고 하였다. 고대국가 시조들의 신성한 능력은 새로운 세계의 정립, 새로운 삶의 방향성을 신의 현현으로 정당화할 필요가 있었기 때문일 것이다. 건국신화는 새로운 장소, 새로운 시간의 시작 과정을 뜻한다. 그러한 의미에서 새로운 시작을 위해 공동체 모두가 하늘에서 신을 맞아 받는 절차, 즉 천신의례가 중시되었다. 그리고 고대삼국의 시조 탄생지와 강림지 및 시조능을 신성시하여, 신궁과 시조묘를 설치하였다. 특히 새로운 왕이 등극할 때마다 시조묘나 신궁에서 즉위의례를 거행한 이유는 왕권의 정통성과 신성성을 증명하는 절차였기 때문이다. 시조왕의 신성성이 이후 왕들에게 부여되는 권위의 원천이었다. 이러한 의례는 현재 삶의 지속과 평안에 대한 희구를 의미하고, 영원히 재생되

---

갖춘 비범한 인물임을 강조한 세 가지 일화를 가리킨다.

71) 서영대 외, 상게서, p31

72) 미르체아 엘리아데(Mircea Eliade) 저, 이윤기 역, 『샤마니즘: 고대적 접신술』, 까치, 2001, p388

는 삶에 대한 바람이다. 의례를 통해 건국시조는 왕실의 조상이자 국가 구성원 전체의 조상으로 강조되며 조상숭배의 기원이 된다. 부여, 고구려, 동예 등의 제천의식은 제를 지내는 시기가 다를 뿐 태초의 신성한 시간과 공간에서 이루어진다는 점은 동일하다. 즉, 추수 이후 또는 농경 시작 시점에 희생물을 바쳐 하늘에 제사지내는 의례였다. 그리고 희생물을 통해 과거의 죄과가 정화된다고 믿어서 형옥을 열어 죄수를 풀어주는 대사면을 단행했다. 그리하여 재결속된 공동체가 모두 모여 밤낮으로 먹고 마시며 노래하고 춤추었다. 모든 구성원이 신과 소통할 수 있는 접신 상태에 이르러 태초의 순수한 신성성을 회복하는 것이다. 이는 순전히 집단적 농경의례의 전형이다. 이러한 제천의식으로 무교는 새로운 질서를 정당화하였고, 무교의 정당화 과정은 새로 들어선 국가의 무왕이 발휘하는 신성성을 통해 구체적으로 표출되었다.[73)]

고조선 이후 삼국의 무왕적 신성성은 시조신화로 형상화되었다. 고구려 장수왕 2년(414년)에 세워진 광개토대왕비문에는 고구려 시조 주몽(추모왕)을 천제의 아들이요 하백의 외손으로서 성덕이 있어 왕이 되었다고 기록되어 있다. 이보다 후대의 비문인 5세기 모두루묘지(牟頭婁墓誌)에 성왕 주몽이 하백의 손자이며, 일월의 아들이라고 묘사한 기록을 볼 때, 적어도 5

73) 차남희, 상게서, p310~p311

세기까지는 고구려 시조 주몽이 천제, 즉 일월의 아들로서 신성시되었음을 알 수 있다.[74)]

단군신화의 웅녀가 21일 동안 동굴에서 마늘과 쑥만 먹고 인간이 되었다는 이야기를 비롯해서, 해모수가 하늘에서 내려와 웅심산(熊心山)에 십 여일을 머물다가 내려왔다는 이야기나, 신라 탈해왕이 토함산에서 석총(石塚)을 만들고 칠 일을 지냈다는 이야기는, 성무과정에 해당하는 통과의례로 해석할 수 있다. 탈혼망아(脫魂忘我) 상태에서 천상계와 지하계를 여행하며 겪는 시련의 과정을 동굴생활과 마늘, 쑥 일화로 대신한 것이다.[75)] 환웅처럼 천제의 아들인 해모수가 아침에 내려와 정무를 보고 저녁에는 하늘로 올라가기에 천왕랑(天王郞)이라는 별명이 붙었다거나, 동명왕 주몽 역시 정무를 보러 말을 타고 하늘에 올라간다고 하는 이야기는, 모두 천계로의 상승과 지상으로의 귀환을 자유자재로 수행했다는 것을 상징한다. 접신행위를 스스로 통제할 능력이 있었다는 의미로도 풀이할 수 있다. 박혁거세는 하늘로 올라간 지 칠 일 만에 유체가 흩어져 땅에 떨어졌는데, 이는 천계 상승과 지상계 귀환을 일상적으로 되풀이했음을 보이는 사례이다. 해모수가 하백의 딸을 얻기 위해서 하백과 벌이는 주술 경합이나, 탈해와 수로왕의 주

74) 박진석, 『고구려 호태왕비 연구』, 아세아문화사, 1996, p449~p450, p43, 차남희, 상게서, p306~307 주석 재인용

75) 차남희, 상게서, p312, 주석 인용.

술경합도 전형적인 샤먼의 접신 행위로 해석된다. 동명왕 주몽이 동부여에서 도망 나올 때 물고기와 자라가 다리를 놓아 무사히 강을 건넜다는 기록, 주몽의 어머니가 보내준 보리씨를 받기 위해 비둘기를 죽이지만, 물을 뿜어서 다시 살려낸다는 이야기 등은 샤먼이 동물과의 친교와 의사소통 그리고 변신 행위를 통해 현재의 인간 조건을 파기하고, 우주적 생명과 합일하거나 수시로 소통할 수 있는 능력을 보여준다.[76)]

정치와 종교가 분리되면서 국왕이 지녔던 종교지도자로서의 지위와 역할은 다른 종교 전문가에게 넘어갔다. 마한의 천군이나 신라 2대왕 남해차차웅이 그의 누이 아로(阿老)에게 박혁거세의 시조묘 제사를 주관하게 했다는 사실에서 알 수 있다. 특히 아로의 경우는 정치와 종교가 분리된 이후에도, 종교 지도자로서의 지위와 기능이 왕실 밖으로 나가지 않고, 왕실의 여성에 의해 계승되었다는 사실이 눈길을 끈다.[77)] 이는 일본의 덴무 천황(天武天皇) 즉위 이듬 해(673년)에 그의 누이인 오오쿠노히메미코(大來皇女)를 사이구(齋宮)로 정하고, 일본 천황가의 시조신인 아마테라스(天照大神)를 모신 이세신궁에서 봉사하게 했다는 기록[78)]과 관련하여 살펴볼 여지가 있다. 자

76) 차남희, 상게서, p312

77) 서영대 외, 상게서, p32

78) 이능화 저, 서영대 역,『조선무속고-역사로 본 한국 무속』, 서남동양학자료총서, 2010, p503

세한 내용은 뒤에서 다시 다루기로 한다.

왕권에서 분화된 종교지도자로서의 무격은 국가 조직의 일원으로 참여하여 국왕 곁에서 국정을 보좌했다. 한국 고대사회에서 활약한 종교전문가로 무격, 일자(日者) 또는 일관(日官), 점자(占者), 복사(卜師) 등의 명칭이 보이는데, 각기 담당영역별로 국가 조직에 속한 관리로서 신령 세계와 교통하는 종교적 능력을 바탕으로 국정에 이바지했다. 백제의 일관부(日官部)나 신라의 봉공복사(奉倥卜師)라는 점복 담당 관직이 여기에 해당한다. 그리고 고구려 차대왕이 평유원에 사냥 갈 때 사무(師巫)를 대동했던 일, 신라 진흥왕이 마운령 방면에서 순수(巡守)할 때 대사(大舍) 관등[79]인 점쟁이 여난(與難)을 대동한 사실도 종교전문가의 관리화를 뒷받침한다.[80]

이에 대해 최석영은 삼국사기와 삼국유사 기록 중 종교전문가의 명칭을 조사하여 다음과 같이 논하였다. 첫째, 1~3세기 동안에는 무(무격)와 일자가 공존하였으나, 4세기 이후에는 일자가 나타나지 않는다는 점으로 볼 때, 이 시기에는 천지신을 제사하는 자연신 숭배와 시조묘를 숭배하는 조상신 숭배가 분화되지 않은 상태였고, 무가 자연신 숭배를 담당한 반면 조상숭배는 일자가 주요한 기능을 수행했으리라고 파악

79) 대사(大舍) 관등: 신라의 관위 17등 중 12등으로 한사(韓舍)라고도 불렀다. 골품 4두품 또는 평민이 오를 수 있는 최고 관위였다.

80) 서영대, 상게서, p33

했다. 특히 시조묘 제사가 기근과 한발 등에 관련된다는 점에서, 천체현상 해석에 관여하는 일자는 시조묘 제사에 중요 역할을 했으리라 추론했다. 둘째, 일자가 사라지고 일관이 7세기 중엽 이후 신라에서 주로 나타나 무와 공존하는 형태로 바뀌었다는 점에서, 일관의 출현은 신궁(神宮)제사의 실시와 연관이 있다고 보았다. 신궁제사의 출현이 왕도적인 유교정치의 전개와 관련이 있고, 왕도적인 유교정치의 전개와 더불어 역(曆)의 중시라는 맥락에서 일관의 출현과 역할에 무게가 실렸다. 즉 자연현상에 대한 두려움으로 인해 하늘에 대한 위포(威怖)를 느꼈고, 그러한 심리에서 자연현상에 대한 대응 양식화(様式化)가 필요했으며, 하늘의 위엄에 대한 예적(禮的) 질서를 구성했다는 것이다. 결국 일자는 삼국 시대 초기부터 5세기 사이에 시조묘와 제사와 관련된 천재지변에 대한 예언과 해석에 종사하였다. 그러나 6세기 초 지증왕대에 신궁을 설치하고 6세기 이래 관직 분화 및 관직체계를 갖추어 경덕왕대에 이르러서는 군현제도를 강화했다. 전국 지명을 한풍(漢風)으로 변경하고, 관제를 개혁하여 화백제도 기능을 약화시킴으로써 왕권을 강화하려 했던 움직임으로 볼 때, 6세기~8세기에 걸쳐 일자가 일관으로 개명되었으리라는 가능성을 제시했다. 한편 무에 대한 정치적 의미가 축소되어 무가 국사에 간섭할 수 있는 범위는 도우제(禱雨祭)나 왕족의 치병 활동에 국한되었고

민간신앙적인 역할만이 증대되었다.[81)]

한편 차남희는 고대국가의 왕권 승계와 연관 지어 무의 위상 축소를 논하였다. 고구려 2대 유리왕이 온조, 비류와 왕권 투쟁을 벌인 일, 백제 8대 고이왕 때 왕위 승계가 바뀐 이후 수차례에 걸쳐 어린 태자를 핑계로 신민의 추대를 받아 왕위 계승이 번복되었던 일, 신라에서 알지의 후손이자 김씨로서는 최초로 왕위에 오른 미추왕 이후, 17대~52대 왕권이 모두 김씨에게 세습되는 과정에서 벌어진 치열한 권력투쟁을 예로 들었다. 왕권 승계가 혼란했던 삼국은 건국 초기부터 시조왕을 제외한 역대 왕들의 왕권 강화를 위해, 지배집단이 보유하던 종교적 권위를 약화시키려 했다고 주장한다. 국가권력이 전쟁과 관련된 정치적, 군사적, 경제적 측면을 중심으로 강화되어 감에 따라 왕권 역시 무왕으로서의 권위보다는 실직적인 통치권 장악이 중요했을 것이다. 새롭게 왕권을 장악한 이계 왕실로서는 기존 지배세력의 기반인 무교를 무너뜨려서 왕권을 강화하고 정당화해 줄 새로운 이념이 필요했다는 것이다.[82)]

지금까지 살펴보았듯이 원시적 정령신앙은 농경 정착에 따라 곡령신앙으로 바뀌었다. 이는 농경의 발달, 계급의 등장과

81) 최석영, 「무와 일관과의 갈등에 대한 역사적 고찰-삼국시대~고려시대의 巫의 지위변화-」, 『일제하 무속론과 식민지 권력』, 서경문화사, 1999, p196~p200

82) 차남희, 상게서, p315~p317

함께 집단의 풍요와 결속을 기원하는 천신신앙으로 변모했음을 뜻한다. 집단을 통솔하고 하늘과 인간을 매개했던 무(무격)는, 정치지도자이자 종교지도자로서 신통력을 바탕으로 지배력을 정당화했다. 이를 무왕이라고 할 수 있다. 한국 최초의 고대국가로 기록되는 고조선의 경우 단군신화를 통해 천신의 권위에 힘입어 통치권을 정당화하는 양상을 확인할 수 있다. 이후 고구려, 백제, 신라 삼국의 개조왕들은 모두 천손임을 강조하기 위해, 천상과 지상을 오가는 능력, 알에서 깨어나는 기이한 탄생이력, 자연물의 도움을 받아 위기를 헤쳐 나가는 모험담 등으로 샤먼적 면모를 드러낸다. 그러나 무왕이 가졌던 정치지도자와 종교지도자로서의 기능은 따로 분리된다. 고대국가 성립 이후 영토 확장을 위한 잦은 전쟁과 국가 체제 수립, 왕권 투쟁의 시대적 흐름을 타고 국왕의 군사 통솔력과 통치력이 이전 시기보다 더욱 중요해진다. 무왕이 가졌던 기상 예측력과 신령한 능력은 일관과 무격의 역할로 나뉜다. 일관은 국가 조직에 편입되어 국왕의 정치적 보좌역으로 자리 잡은 반면, 무격은 왕실의 번영과 치병의례, 민간신앙 영역으로 그 위상이 축소된다.

### 4) 산신신앙

고대에 한반도와 동북만주에 걸쳐 거주하던 종족은 주로 예맥(濊貊)인들이었다. 수렵과 어로, 원시적인 목축과 농경이 그들의 주요 생활수단이었다고 추정한다. 그러한 미개시대의 수렵생활을 영위하는 공간은 산악이다. 산악은 고대인들이 주로 활동하는 장소였고 의식주 대부분을 의지했던 곳이다. 산악에 서식하는 동물을 가려 존숭하는 수렵제의는 수렵문화권에서 일반적으로 나타나는 종교현상이다. 니오라쩨(Nioradze)나 파프로트(Paproth)는 살해된 동물들이 인간에게 행할지 모를 복수에 대한 공포에서 그 기원을 찾으려 했다.[83] 그러한 수렵제의를 넓은 의미의 토테미즘으로 포괄해 보면, 애니미즘적인 성격을 띠는 산신숭배와 결합한다. 그리고 인격(personification) 과정을 거쳐 복합적인 요소를 지닌 산신으로 발전하였다는 결론에 이른다. 웅대하고 신비스러운 풍모로 인해 산 자체가 신격으로 숭앙되기도 하고, 산악에 사는 동물이 산신으로 모셔지기도 했다. 특히 북방민족의 토템 동물 가운데 곰과 호랑이는 샤먼의 조력신 역할을 하는 대표적인 동물로서 널리 숭배되었다. 곰 숭배와 관련해서는 북유럽에서부터

83) 최종석, 「한국 토착종교와 불교의 습합과정-산신신앙을 중심으로-」, 청주대민족문화연구소, 『민족문화논집』 5, 1987, p270

동북아시아를 거쳐 미국에 이르기까지 폭넓게 분포한다.

단군신화는 한국의 천신신앙과 산신신앙의 유래에 대한 단서들을 체계적으로 보여준다. 환인에게 사람으로 변하게 해달라고 기원한 곰과 호랑이 이야기는, 곰토템 부족과 호랑이토템 부족으로 해석할 수 있다. 이는 북방아시아 민족 중 곰토템 부족의 남하와 고대 한족(韓族) 가운데 호랑이토템 부족이 결합하여 동남쪽으로 이동하였음을 암시한다. 한편 환인의 아들 환웅이 태백산에 강림할 때 함께 거느리고 온 풍백, 우사, 운사는 원시 농경사회에서 가장 중요한 자연현상을 상징한다. 농경사회로 발전한 고대국가 사회에서 자연현상을 주관하고, 나아가 곡물을 지상에 가져다 준 환웅이라는 존재를 지고한 신으로 신앙하였음을 의미한다. 요컨대 수렵사회에서부터 형성, 전승된 토테미즘이 농경민들에게는, 대지의 딸인 웅녀로 재생되어 태양신의 아들 환웅과 결합한 것이라고 해석할 수 있다. 이러한 신화적 전개는 농경사회로 발전한 고대국가가 부족 중심의 토템신앙의 차원에서 벗어나서 농경사회와 밀접하게 연관된 천지가 결합하여 탄생한 산신의 존재를 필요로 했다는 점과, 산신은 국가적 통합기능을 수행할 수 있는 신격이었음을 나타낸다.[84)]

단군신화를 비롯하여 한국의 천강신화 주인공들은 산에 강

---

84) 최종석, 상게서, p275

림한다. 환웅이 태백산 신단수 아래에 내려오고, 주몽신화에서 해모수는 웅심산으로, 수로신화에서 수로는 구지봉(龜旨峯)에 출현하였다. 혁거세신화에서 혁거세는 양산(楊山)에서 발견되었으며, 혁거세 탄강 이전 하늘로부터 내려왔다는 6촌장들 모두 산으로 강림하였다. 시조신들의 산상 강림 신화는 산이 하늘과 땅을 잇는 가교역할을 한다는 믿음에서 비롯되었다. 그런 까닭에 산은 고대인들에게 개국시조의 강림처로서 성역이자 제천의 장으로 숭앙되었다. 산악숭배는 명산대천에 제사지내는 자연숭배의 일환으로 전개되었다. 산 중에서도 가장 중심이 되는 세 개의 산 또는, 세 개의 봉우리로 이루어진 삼산(三山)은 더욱 각별한 신앙의 대상이었다.[85] 삼산에 관한 가장 오래된 기록은 삼국사기에서 찾아 볼 수 있다.

> 三山五岳已下名山大川 分爲大中小祀
> 삼산오악 이하 명산대천을 대사 · 중사 · 소사로 나누어 제를 올렸다.

> 大祀三山一 奈歷 習比部 二 骨火 切也火郡 三 穴禮 大城郡
> 대사를 올리는 삼산은 제일 나력 습비부요, 제이 골화 절야화군이고, 제삼 혈례 대성군이다.[86]

---

85) 김문태, 「삼산신앙(三山信仰)의 성립과 전개-여타 종교 · 사상과의 습합(習合)을 중심으로-」, 『한국민속학』 11집, 한국민속학회, 2000, p5~6

86) 『三國史記』 권32 잡지1, 제사조, 국사편찬위원회 한국사데이터베이스, http://www.history.go.kr/url.jsp?ID=NIKH.DB-sg_032_0020_0130

신라에서 삼산 오악 이하 명산대천을 대 · 중 · 소로 나누어 제사 지냈으며 대사(大祀), 즉 국가적 차원의 산천제의 대상은 나력, 골화, 혈례 등 삼산이었음을 알 수 있다. 이밖에도 고구려 정탐길에 오른 김유신에게 삼산의 세 호국신이 나타나, 김유신의 하인인 백석(白石)이 배신할 것을 알려주어 화를 면하게 했다는 이야기나, 경덕왕 때 삼산의 신이 나타나서 국가의 위기를 경고하여 충담사(忠談師)가 안민가(安民歌)를 지어 위기를 모면했다는 기록도 있다. 이렇듯 삼산의 신은 국가의 존망과 밀접하게 관련된 호국신이었다. 삼산은 호국신의 거처였다. 백제에서도 삼산에 신이 있어 국가를 수호한다고 믿었다는 기록이 삼국유사에 전한다.

> 又郡中有三山曰日山吳山浮山 國家全盛之時各有神人居其上飛相往來朝夕不絶
>
> 또 도읍 안에 삼산이 있으니 일산 · 오산 · 부산이라 한다. 국가 전성기에는 각각 신인이 있어 그 (산)위에 거처하였는데 서로 날아다니며 왕래하였으니 아침, 저녁으로 끊이지 않았다.[87]

---

http://www.history.go.kr/url.jsp?ID=NIKH.DB-sg_032_0020_0140(검색일: 2013년 10월 30일)

87)『三國遺事』 권2 기이2, 남부여 전백제 북부여조, 국사편찬위원회 한국사데이터베이스, http://www.history.go.kr/url.jsp?ID=NIKH.DB-sy_002_0010_0200_0070(검색일: 2013년 10월 30일)

위 내용에서 국가 전성기에 신인의 왕래가 끊이지 않았다는 말은, 국가가 혼란에 빠졌거나 멸망하면 신인이 거처를 떠난다는 의미로 이해할 수 있다. 삼국유사의 기록 중에는 삼산의 호국불교적 성격을 엿볼 수 있는 내용도 있다.

南白月二聖 努肹夫得 怛怛朴朴

白月山両聖成道記 云 白月山 在新羅 仇史郡 之北 古之 屈自郡 今 義安郡 峰巒奇秀延袤數百里真巨鎮也古老相傳云昔唐 皇帝嘗鑿一池每月望前月色滉朗中有一山嵓石如師子隠映花間之影現於池中上命畫 工啚其狀遣使搜訪天下至 海東 見此山有大師子嵓山之西南二歩許有 三山 其名 花山 其山一体三首故云 三山 與啚相近然未知真僞以隻履懸於師子嵓之頂使還奏聞履影亦現池帝乃異之賜名曰 白月山 望前白月影現故以名之然後池中無影

남백월의 두 성인 노힐부득과 달달박박이다.

「백월산양성성도기(白月山两聖成道記)」에서 이르기를 "백월산(白月山)은 신라 구사군(仇史郡) 북쪽에 있다. 옛 굴자군(屈自郡)으로 지금의 의안군(義安郡)이다. 봉우리는 기이하고 빼어났는데 그 산줄기는 수백 리에 뻗쳐 있어 참으로 큰 진산이다"라고 하였다. 옛 노인들이 서로 전하기로는 "옛날 당(唐)나라 황제가 일찍이 연못을 하나 팠는데 달마다 보름 전에 달빛이 밝고 (연못) 가운데에 산이 하나 있어서 사자처럼 생긴 바위가 꽃 사이로 은은히 비쳐 그 그림자가 연못 가운데 나타났다. 황제는 화공에게 명하여 그 형상을 그리게 하고 사신을 보내 천하를 돌면서 찾게 했다. 해동(海東)에 이르러 이 산에 큰 사자암(師子嵓)이 있는 것을 보았다. 이 산 서남쪽 2보쯤 되는 곳에 삼산(三山)이 있어 그 이름이 화산(花山)이라, 그 산의 몸체는 하나이고 봉우리가 셋인지라 삼산이라고 하였다. 그림과 서로 비슷하여 그 진위를 알 수 없으므로 신발 한 짝을 사자암 꼭대기에 걸어두고 사신은 본국으로 돌아가서 황제에게 아뢰었다. 그 신발 그림자 역시 연못에 나타났다. 황제가 이것을 기이하게 여겨 이름을 백월산이라고 지어주었다. 보름 전에는 흰 달의 그림자가 연못에 나타나는 연유로 그러한 이름을 붙였다. 그 후로는 연못 안에 그림자가 없었다."라고 하였다.[88]

이와 같은 백월산의 명칭 유래 가운데 백월산 서남쪽 2보쯤 되는 곳에 몸체는 하나이고 봉우리가 셋인 삼산이 있어서 이름이 화산이라고 했다는 구절이 나온다. 이 화산은 일찍이 당나라 황제의 연못에 그림자를 비춰 영험함을 보인 곳이며 노힐부득(努肹夫得)과 달달박박(怛怛朴朴)이 불도를 닦아 성인이 된 경승지이다. 훗날 이곳에 두 성인의 불상을 모신 사찰이 들어서고 불교의 성지로 자리 잡았다는 점과, 당시 신라 불교가 호국불교였다는 점을 고려하면 이와 같은 삼산은 호국적 불교신이 거처하는 장소였다고도 해석할 수 있다. 그런데 신라 6촌장 가운데 한 명인 지백호(智白虎)가 강림한 곳도 화산이었다. 단군신화에서 환웅이 강림한 태백산을 '삼위태백(三危太白)'이라고도 하는데, 여기서 '위(危)'는 '고(高)'와 같은 의미이

88) 『三國遺事』 권3 탑상4, 남백월이성 노힐부득 달달박박조, 국사편찬위원회 한국사데이터베이스, http://www.history.go.kr/url.jsp?ID=NIKH.DB-sy_003_0020_0170_0010(검색일: 2013년 10월 30일)

므로 삼위는 곧 세 개의 높은 봉우리로 이루어진 삼산이다. 지백호가 강림한 화산은 환웅이 강림한 삼위태백, 삼위와 동일한 의미의 삼산이다. 삼산은 나력 · 골화 · 혈례 같은 호국신의 거처가 아닌 시조신의 강림처라는 성격이 드러난다.

결국 삼산이란 원초적으로는 시조신의 강림처였으나 후대에 오면서 호국신의 거처로 의미가 바뀐 것이다. 삼산에 강림한 시조신이 훗날 호국신으로 정좌하였다고 해석할 수 있다. 후대에 와서 『신증동국여지승람(新增東國輿地勝覽)』이나 『증보문헌비교(增補文獻比較)』 등의 문헌에는 신라와 백제의 삼산에 관한 기록은 보이지 않고, 해당 지역의 진산 소개만 나온다. 그나마 봉우리가 세 개인 삼각산의 기록을 통해 당시 삼산 인식을 엿볼 수 있다. 삼각산은 백운봉 · 국망봉 · 인수봉 세 봉우리로 이루어진 삼산이면서 한양 제일의 종산(宗山)으로서 북방을 진호하는 진산이다. 국가와 도읍을 수호한다는 의미에서 신라나 백제의 삼산과 성격이 같지만, 호국신의 거처로서는 의미가 불분명하다. 신격의 존재가 보이지 않고 삼위태백처럼 시조신의 강림처라는 의미도 부여되지 않았다. 조선시대 이후 삼산은 시조신의 강림처나 호국신의 거처라는 의미가 사라지고 국가 또는 도읍을 진호하는 진산으로 그 의미가 약화되었음을 알 수 있다.[89]

89) 김문태, 상게서, p8~p11

단군과 주몽, 박혁거세 등 개조왕들은 산 위에 강림한다. 사후에는 강림처로 돌아가 국가를 수호하는 호국신으로서 신앙의 대상이 되었고, 그러한 호국신의 거처인 산은 성역으로 인식되었다. 특히 세 개의 산, 세 봉우리로 이루어진 삼산은 천신이 강림하는 장소로 각별히 숭앙받았다. 삼산은 국가 성립 시기에는 시조신의 강림처로, 삼국시대에는 정복전쟁의 기능적 역할을 위한 호국신의 거처로, 통일국가로서의 위용을 보이던 통일신라, 고려, 조선에서는 국가와 도읍을 진호하는 진산으로 남았다. 삼산은 국가 성립 이래 하늘에 제를 올리는 성역이었다. 차츰 의례를 동반한 신앙형태로 독립하여 삼산신앙을 이루어낸다.

### (2) 불교 전래 이후의 무불습합

#### 1) 불교 전래와 시대적 특징

##### ①삼국시대의 불교

불교가 한국에 처음 들어온 것은 서기 372년 고구려에서였다. 중국을 통하여 북방계 불교인 대승불교가 전래되었다.

고구려 소수림왕 2년 6월 전진왕(前秦王) 부견(符堅)이 보낸 순도(順道)가 불경과 불상을 가져와 전파한 것이 시초였다고 한다. 백제에는 침류왕(枕流王) 원년(384년)에 서역승 마라난타(摩羅難陀)가 중국 동진(東晋)의 불교를 전래하였다. 신라는 눌지마립간(訥支麻立干) 때 인도 승려 묵호자(墨胡子)가 일선군(一善郡, 지금의 선산)에서 전도한 것이 처음이라고 한다.[90] 광개토대왕(廣開土大王) 원년에 왕이 숭불구복(崇佛求福)하라고 하교한 바 있고, 신라에서는 눌지왕 때 묵호자가 범향기도(梵香祈禱)로써 왕녀의 병을 고쳤다는 기록이 있다.[91] 신라에서는 불교가 전래되는 초기 과정이 순탄치 못했다. 다음 삼국유사 기록은 불교와 기존 토착종교의 마찰 관계를 비유적으로 보여준다.

王命騎士追之南至 避村 今 壤避寺村 在 南山 東麓 兩猪相闘留連見之忽失烏所在徘徊路旁時有老翁自池中出奉書外面題云開見二人死不開一人死使來獻之王曰與其二人死莫若不開但一人死耳日官秦云二人者庶民也一人者王也王然之開見書中云射琴匣王入宮見琴匣射之乃内殿焚修僧與宮主潜通而所 奸也二人伏誅

90) 김해연, 『동서종교문화교류사』, 성지출판사, 2003, p60

91) 『三國遺事』 권3, 법흥3, 아도기라조, “時王女病革使召 墨胡子 焚香表誓王女之病尋愈王喜厚加賚貺俄而不知所歸”, 국사편찬위원회 한국사데이터베이스, http://www.history.go.kr/url.jsp?ID=NIKH.DB-sy_003_0010_0030_0020 (검색일 : 2013년 10월 29일)

왕이 기사에게 명하여 까마귀를 따르게 하였다. 남쪽의 피촌(避村), 지금의 양피사촌(壤避寺村)으로 남산(南山)에 이르렀는데, 돼지 두 마리가 싸우고 있어 이를 한참 살피다가 홀연히 까마귀가 간 곳을 놓치고 말았다. 길 주변을 배회할 때 한 늙은이가 연못 가운데서 나와 글을 바쳤다. 겉봉의 제목에 이르기를 "열어보면 두 사람이 죽을 것이요, 열어보지 않으면 한 사람이 죽을 것이다."라고 쓰여 있었다. 기사가 돌아와 이것을 바치니 왕이 말하기를 "두 사람이 죽느니 오히려 열어보지 않고 한 사람만 죽는 것이 낫다." 하였다. 일관(日官)이 나서서 말하기를 "두 사람은 서민이요, 한 사람은 왕입니다."라고 하였다. 왕이 그러하다고 여겨 열어 보니 편지에는 "거문고 갑을 쏘라."고 적혀 있었다. 왕이 궁에 들어가서 거문고 갑을 쏘았다. 그곳에서는 내전에서 분향수도하던 승려가 궁주(宮主)와 은밀하게 정을 통하고 있었다. 두 사람은 주살 당했다.[92]

연못에서 나온 늙은이가 왕에게 올린 글을 보고 금갑을 쏘았더니 금갑 속에서 궁주(宮主, 왕의 첩)와 내전 분향 수도승이 사통하고 있어 주살하였다는 이야기로 고유 신앙과 불교의 갈등 양상을 비유한 것이다. 법흥왕 15년 이차돈의 순교 때 "불(佛)이 만일 신(神)이 있다면 내가 죽은 뒤에 반드시 이상한 일이 있으리라"고 경고했다는 기록도 불교 전래의 갈등 측면을 보여준다.

---

92) 『三國遺事』 권1 기이1, 사금갑조, 국사편찬위원회 한국사데이터베이스, http://www.history.go.kr/url.jsp?ID=NIKH.DB-sy_001_0020_0280_0010 (검색일: 2013년 10월 30일)

이러한 불교 전래 초기의 갈등 원인을 종교적 속성에서 찾기도 한다. 무속이 현세에서의 지복을 추구하는 현세 긍정적 종교이고, 신령의 뜻에 무조건 순응하는 것을 이상으로 여기며, 기존 질서를 수호하려는 입장에 선다면, 불교는 현세를 덧없는 것으로 보는 현세 부정적 종교라 할 수 있다. 인간 스스로의 주체적 노력을 중시하고 새로운 질서를 표방하는 입장이므로, 그러한 속성 탓에 무속과 불교의 대립은 불가피했다고 보는 것이다.[93)]

전래 과정의 갈등을 극복하기 위해 불교는 기존의 민간 신앙을 인정하고 포용하면서 토착화하였다. 특히 산신 신앙 또는 삼신 신앙과의 상호작용을 살펴보면 토착화 과정을 알 수 있다.[94)] 고구려와 신라에는 『호국인왕경(護國仁王經)』을 강설하는 법회인 백좌강회(百座講會)와 팔관회가 있었는데 양재(禳災) · 호국(護國) · 구복(求福) 등 불교신앙에 관한 내용이었다고 한다. 외형적으로는 불교를 받아들였으나 내용은 무교의 연장이었던 것이다.[95)] 고구려에서는 불교수용 후에도 10월 상달에 왕을 제사장으로 하여 제천의식을 거행했다. 신라인들은 우주와 국가를 인체와 동일시하여 왕이나 국선(國仙)을 머리에 군신이나 낭도를 다리와 팔, 손, 발에 비유하여 국가적 질서의

93) 서영대 외, 상게서, p33
94) 오출세, 상게서, p184
95) 유동식, 상게서, p608

기반으로 삼았다. 그러한 기록을 통해 한국 고대인들의 일월 숭배사상 및 우주수(宇宙樹) 신앙과 연관 지어 생각하면, 불교는 종교로서 고구려 토착신앙을 압도하지 못했던 반면, 통일신라에서는 유교가 국정을, 불교가 신앙을 각기 담당해도 충돌하지 않고 공존하였음을 알 수 있다.[96]

### ② 통일신라 시대의 불교

삼국의 불교는 통일신라에서 원효와 의상에 의해 이론적 정립을 이룬다. 교학 수준이 향상된 불교는 호국불교 차원에서 왕실 중심으로 수용되어 우위를 차지하였고, 무속은 기층사회로 내려앉았다. 불교의 난해하고 심오한 교리는 기층민이 접근하기 어려운 종교였기 때문이다. 서민들은 구원받는다는 것을 아예 불가능한 일로 여겨 무속 같은 토착신앙에 만족하였다. 인도 불교는 정법(正法)으로 전 세계를 통치한다는 전륜성왕(轉輪聖王) 개념이 강했는데, 삼국 모두 이 개념을 받아들였다. 사실 인도에서는 불법과 왕법이 공존했으나 중국에서는 절대 권력이  장악하고 있는 제법(帝法)이 불법을 예속시키는 왕즉불(王卽佛) 사상에 기반을 두고 있었다. 이러한 왕즉불

96) 김해연, 상게서, p68~p70

사진6. 전륜성왕(출처: 위키미디어)
인도 불교는 정법으로 전 세계를 통치한다는 전륜성왕 개념이 강했으며 한, 중, 일 삼국 모두 호국불교 차원에서 왕실이 중심이 되어 이 개념을 수용했다.

사상에 입각해서 한국 불교는 통일신라 시대 때 전성기를 이룬다. 통일신라 하대에는 직관적인 참선을 중시하는 선종(禪宗)이 전래되었다. 이 시기에는 토착종교인 무교와 외래종교인 유교 · 불교 · 도교가 공존하였다. 그러나 유 · 불 · 선의 영향은 주로 지배층 문화에서만 나타난다. 토착종교인 무교는 기층민의 문화 기반을 형성하여 기층의 영혼관, 생사관을 좌우하였다.[97] 통일신라 시대 때 교학이 완숙기를 지나 불교의

97) 김해연, 상계서, p62~p65

민중화가 가속화되는 과정에서 다양한 불교신앙과 의례들이 정착되었다. 초기에는 미륵신앙과 관련된 의례가 성황을 이루었고 후기에는 밀교와 선이 확산되면서 염불 · 게송 · 참선 등의 불교의례들이 등장하였다. 팔관회, 백고좌회(百高座會), 점찰법회(占察法會), 밀교의례 등이 정착되었다.[98]

### ③ 고려 시대의 불교

고려 시대의 불교는 기복양재(祈福禳災), 진호국가의 신앙 성격이 강하였다. 여기에 지리도참설(地理圖讖說)이 영향을 미쳐 비보산천(裨補山川)과 비보사탑(裨補寺塔) 신앙이 가미되어 실용적인 성격을 띠었다. 무엇보다도 고려 왕실의 창업과 계승은 여러 부처님의 호위로 이루어지는 까닭에, 불보살을 위한 연등회(燃燈會)와 산천용신을 위한 팔관회(八關會) 등의 불교의례가 국가차원에서 중시되었다.[99] 태조 왕건은 「십훈요(十訓要)」에서 연등은 부처님을 섬기는 까닭이고, 팔관은 천령과 오악 그리고 명산대천과 용신을 섬기는 까닭이라고 하여 연등회

98) 오출세, 『한국민간신앙과 문학연구』, 동국대학교 출판부, p181

99) 문진열, 「불교와 민속 신앙에 관한 고찰- 한국 불교를 중심으로」, 동국대학교 석사논문, 동국대학교, 2008, p41

와 팔관회 거행을 강조하였다.[100] 팔관회는 출가하지 않은 평신도들이 부처의 가르침에 따라 일일일야(一日一夜)를 기하여 팔계(八戒)를 엄수하는 수법회(修法會)로 사찰에서 행하는 연례적인 불교행사였다. 실제로는 금욕적인 불교법회가 아니라 오히려 음주가무를 위주로 한 상고대부터 내려오던 민족적 제전과 흡사했다.[101] 고구려의 동맹이나 신라 화랑도를 계승한 민족적 제전으로 볼 수 있다.[102] 본래 연등회는 부처에게 등을 공양하는 법회였으나 실상 온갖 놀이와 가무를 벌이고, 차(茶)와 주연을 베풀면서 왕의 만복과 나라의 태평을 기원하는 행사였다. 봄가을로 행해지던 제천의례의 연장이었으며 오늘날 재수굿의 전통으로 명맥을 이어오고 있다.[103] 팔관회, 연등회를 비롯해서 인왕도량(仁王道場), 기복도량(祈福道場), 소재도량(消災道場), 신중도량(神衆道場), 기우도량(祈雨道場), 화엄도량(華嚴道場), 제석도량(帝釋道場)등 83종의 법회도량이 있어서 의례 시행 횟수만도 1038회에 이른다는 기록이 『고려사(高麗史)』에 다수 등장한다. 대부분 호국, 소재(消災), 기복, 기우, 축수(祝壽), 추복(追福)을 목적으로 한 무속적 불교의례였다.[104] 고려의

100) 『高麗史』, 세가 권2, 태조조

101) 박찬호, 「한국전통윤리 사상의 기저로서의 무속에 관한 연구」, 『동양종교학』 Vol.1, 원광대학교 동양종교학과, 1991, p65

102) 유동식, 『한국무교의 역사와 구조』, 연세대학교출판부, 1983, p135

103) 박미영, 「한국 전통문화로서의 무속신앙과 불교의 습합」, 아주대학교 교육학 석사논문, 아주대학교 교육대학원, 2002, p38

104) 박미영, 상게서, p21~p22

종교의례는 고려말 성리학이 도입되어 급진적으로 변화한다.

### ④조선 시대

유교적인 예교국가 건설을 목표로 삼은 조선은 건국 초기 유교와 불교 사이의 공존 시대를 지나 16세기에는 불교를 음사(淫祠)라 규정하여 탄압했다. 그 즈음 불교적인 의식들은 민간에 파고들었고, 국가에서 행하던 의제(儀制)는 유교형식을 취하였다. 각종 농경의례와 관혼상제가 유례화(儒禮化)되었다. 불교는 재(齋)공양 중심으로 입지가 줄었고, 승려는 종이와 기름, 신 등을 만들어 관가에 바치는 잡역종사자로 전락했다. 포교에 있어서는 모연(募緣)이라 하여 깃발을 들고 법고와 꽹과리, 징 등을 치면서 마을을 돌며 염불로 복을 기원하고 권선하는 방법으로 민중 교화에 힘쓸 따름이었다. 이렇게 민간을 돌며 시주를 받는 연화승(緣化僧)이 조선 시대 불교의 특징이라고 할 수 있다.[105)]

한편 조선 시대의 무속은 기본적으로 유교윤리에 입각한 지배세력의 탄압을 면치 못했다. 조선 전기에는 유교와 무속의 갈등이 표면화되어 좌도(左道)와 음사에 대한 맹렬한 비판론이

---

105) 오출세, 상게서, p182~183

공식종교로부터 제기되었다. 그러나 아직은 공격논리가 정밀하지 못하였고 개혁 의지를 뒷받침할 법제도 미비하여 무속은 국행차원에 수용되기도 하였다. 조선 후기에는 유교가 국가의 예제(禮制)를 정비하고 법제를 세밀하게 마련하면서, 무격과 무속문화를 공식종교의 국행차원에서 배제하여 내행의례로 한정되었다. 그러나 무속은 정서적으로 대중의 삶과 밀접한 종교였다. 유교 입장에서 힘의 논리로 이를 억압하려 했으니 그것이 음사론이다.[106) ] 『경국대전(經國大典)』이 완성되자 무속 문화는 법의 제제를 받았다. 무격이 서울 안에 거주하거나 무격 의례를 행할 수 없었다. 도성 안에서 무격을 믿고 의례를 행하면 곤장 100대에 처해질 정도였다. 신당에서 행하는 무속과 산천 신당에서 행하는 기은(祈恩)[107)] 행위도 모두 음사로 규정되어 법적 제제를 당했다. 봄가을에 열리던 기은행사는 유교의 산천의례와 충돌하여 유교식 예제가 그 역할을 차지했다. 국무(國巫) 역시 조신(朝臣)으로 대체되었다. 그럼에도 성숙청(星宿廳) 주관 아래 국무당을 설치하고, 국무 일행을 파견하는 기은은 막대한 물자와 인력이 동원되는 대규모 의례로서 오랫동안 지속되었다.[108)] 무속을 단속하기 위해 무녀에게 무세

106) 최종성, 「조선시대 유교와 무속의 관계 연구–儒 · 巫 관계유형과 그 변천을 중심으로–」, 『민족과 문화』 제10집, 국제문화학회, 2001, p225~p227

107) 기은(祈恩): 명산대천에 무당과 광대를 불러 의장(儀仗)과 풍악을 갖추고 왕가의 복을 빌던 고려와 조선시대의 산신제.

108) 최종성, 상계서, p229~p230

(巫稅)를 받아서는 이를 활인서 운영과 같은 국행 차원의 의료 활동과 국행기우제에 충당하였다. 무속을 근절하고자 했던 유교가 스스로 무속의 실체를 인정하는 자가당착의 모순을 보이며 무속과 공존했던 것이다. 무속은 유교의 비판대상이면서도 때로는 공조관계를 형성하였다.[109]

### 2) 불교 토착화와 무불습합

#### ① 신중신앙(神衆信仰)과 습합

호법신중(護法神衆) 신앙은 중국의 자기(仔夔)가 1150년에 편찬한 『수륙재의문(水陸齋儀文)』에서 찾아볼 수 있다. 이를 조선후기 1724년에 성능(聖能)이 한국 토속신앙 형태와 융화시켜 새롭게 편찬한 책이 『자기문절차조례(仔夔文節次條例)』이다. 당시 유행하던 모든 민간신앙을 수용한 결과 신앙 형태의 시대적 변화에 따라 의식문도 많은 변천을 거친다. 『자기문절차조례』에는 수륙재(水陸齋)[110]를 행할 때 반드는 옹호단의 배치와 자기문 목규(目規), 재의 절차가 자세하게 기록되어 있다. 옹호

---

109) 최종성, 상게서, p231~p232

110) 수륙재(水陸齋): 물과 육지에서 헤매는 외로운 영혼과 아귀를 달래고 위로하기 위하여 불법을 강설하고 음식을 베푸는 불교 의식.

단에는 제석단, 범천단, 시왕명왕단을 비롯하여 토지가람단, 당산용왕제신단, 당산국사단, 제대산신단 등 10여 개 단이 있다. 불교와 직접적으로 연관된 것과 순수 민간 신앙 형태의 것으로 나뉜다. 이러한 신중이나 신중단의 내용은 화엄(華嚴) 신중사상에 바탕을 둔 신중탱화와 결합하여 자연스럽게 불교화한 것이다.[111)]

한국에서 부처는 초월적 신격으로 이해되었다. 조상이나 왕과 같은 현실적인 숭배대상과 다른 차원이었기에 신격에 대한 이해를 불화라는 단적인 표현양식으로 나타낸 것이다. 따라서 불보살에 대한 한국만의 독특한 이해 측면을 불화에서 파악할 수 있다. 특히 통일신라에 들어와 오교구산문(五教九山門)이 확립되어 화엄사상(華嚴思想)이 꽃을 피웠으나, 이 시기의 불화는 거의 남은 것이 없고, 일본에 남아있는 고대의 불화를 통해 짐작할 수 있다. 고려 시대의 불화는 수덕사 대웅전의 천정도(天井圖)와 부석사 조사당에 있었던 벽화, 범천, 제석, 사천왕상 등이 남아 있다. 조선시대 초기에는 억불정책으로 불화도 활기를 잃었으나, 후기에 들면서 현존하는 풍부한 한국불화 시대를 열었다. 이와 같은 한국불화는 크게 세 단계로 나눌 수 있다. 하나는 현교미술인 제불보살을 중심으로 그린 불화이다. 불전팔상도(佛傳八相圖)나 정토화(淨土畵)가 여기

111) 오출세, 상게서, p189~p190

에 해당한다. 호법신들이 설화적인 정토화에 장식적으로 등장한다. 불전팔상도나 정토화는 불상 뒤로 설화적, 광경적 배경이 첨가된다. 그리고 밀교미술인 사천왕, 호법신, 명왕상(明王像)들이 일부를 차지하고 불교 이론을 도식화한 만다라가 주를 이룬다. 태장계만다라와 금강계만다라가 그것이다. 여기에는 배경 없이 불보살만 표현한다. 마지막으로 토착불교미술이다. 한국불교에는 감로탱화(甘露幀畵)와 삼성탱화(三星幀畵)가 독특한데 이는 불교수용형태의 가장 직접적 표현이기도 하다.

신중(神衆)은 여러 불보살을 뜻한다. 신중계불화는 호법신 신앙을 포함한 탱화들이다. 법당 좌우측 벽에 걸리는 신중탱화는 중앙에 동진보살(童眞菩薩)을 중심으로 좌측 상부에 제석천왕, 용왕, 월천자(月天子)를 배치하고, 하부에 팔금강역사(八金剛力士)를 배치한다. 그리고 우측상부에는 대범천왕(大梵天王), 산신, 일천자(日天子)를, 하부에는 용신과 팔금강역사를 배열한다. 힌두교 제신과 도교 및 무교의 제신을 한 곳에 집결배합한 신중화로 볼 수 있다.

삼성각에는 기능이 다른 세 종류의 신 화상을 모시는데 흔히 중앙에는 칠성탱화(七星幀畵)를 건다. 약사칠불과 도교의 칠원성군(七元星君), 삼대육성(三臺六星), 이십팔숙(28宿) 등을 배열한 그림이다. 그 좌우에는 산신탱화와 독성탱화(獨聖幀畵)를 모신다. 신중탱화 맞은편에 영단(靈壇)을 두고 영단계불화를 거는데 이 영단 장식에서 감로탱화는 한국불교만의 특유

사진7. 감로탱화(출처: 문화재청)
감로탱화는 한국불교만의 특유 존재이다. 천상의 칠불이 내리는 자비의 감로로 사바세계의 일체중생이 제도된다는 한국적 신앙을 표현한 것이다.

존재이다. 감로탱화는 중앙상단에 칠불(七佛)이 나란히 서고 그 앞에 나무원만보신로사나불(南無圓滿報身盧舍那), 나무천백억화신석가모니불(南無千百億化身釋迦牟尼佛)이라고 적혀있다. 로사나불은 화엄교의 본존인 비로자나불이며 만덕이 원만하게 융즉무애(融卽無碍)한 광명편조(光明遍照)의 부처이다. 천백억화신이란 화엄경에서 말하는 시교(始教)의 부처로서 천백억의 세계에 화신하여 일체중생을 교화하는 존재이다. 곧 칠불이란 화엄사상에 의거한 무량무변(無量無邊)의 자비불이다. 천상 칠불이 내리는 자비의 감로로 사바세계의 일체중생이 제도된다는 한국적 신앙을 표현한 그림이다. 이는 화엄변상도(華嚴變相圖)와 함께 원융, 광활한 불교신앙을 표현한 그림이다.[112]

### ② 지장신앙(地藏信仰)과 습합

#### 지장보살의 유래

초기 불교시대의 보살은 일반적으로 석가모니의 전생을 의미했다. 대승불교가 발달하면서 여러 종류의 보살이 나타났다. 보통 보살은 석가모니의 태자 시기 모습이나 인도 왕족의 모습처럼 보관, 영락(瓔珞) 등을 치장한 화려한 모습이지만, 지장보살은 일반 승려의 모습인 경우가 많으며 실질적으로 일반인들의 생활 속에 밀접하게 연관되어 있다. 참고로 일본의 지장보살은 마을 입구에서 마을을 지켜주는 민간신앙의 역할을 한다. 한일 양국의 지역적, 시대적 특징에 따라 보살의 유형에도 차이가 나타난다[113]는 사실을 알 수 있다.

---

112) 유동식, 상게서 p626~p623, p629~p633

113) 오양미, 「한일지장신앙의 유형 비교연구」, 『실학사상연구』 13권, 모악실학회, 1999, p589~p590

사진8. 지장보살(출처: 위키미디어)
지장보살의 원형을 인도 바라문교의 지모신(地母神)에서 찾기도 한다. 만물을 낳아 기르는 어머니와 같은 대지의 의미를 함축하고 있으며, 일체의 것을 포용함과 동시에 소생시키는 힘을 발휘하기 때문이다. 이러한 관념은 중앙아시아에서 형성되었다고 보는 견해가 있다.

'지장(地藏)'의 어원은 범어 '크시티가르바하(Ksitigarbha)', 지태(地胎), 자궁이라는 의미로 정의된다. 마나베 고사이(真鍋広済)는 지장보살의 원형을 인도 바라문교의 지모신(地母神)에서 찾았다. 지장은 지모신으로서 만물을 낳아 기르는 어머니와 같은 대지의 의미를 함축하고 있으며 일체의 것을 포용함과 동시에 소생시키는 힘을 발휘한다. 이러한 힘은 지장보살의 공덕력(功德力)으로 표현된다고 하였다. 하타니 료타이(羽渓了諦)는 지장보살 관념이 중앙아시아에서 형성되었다고 주장하였다. 『대집경(大集經)』 가운데 『대방등대집경(大方等大集經)』 「수미장분(須彌藏分)」이나 지장삼부경(地藏三府經)의 하나인 『지장보살본원경(地藏菩薩本願經)』을 제외한 모든 설법 장소가 가라제산(佉羅帝山)으로 되어 있다는 점을 근거로 들었다. 중앙아시아 카라카시(Kara-Kash) 동쪽에 있는 코오마리(Kohmari) 산으로 추정한다.[114]

지장신앙이 언제 중국에 들어왔는지는 확실하지 않지만 지장 관계 경전인 『대방광십륜경(大方廣十輪經)』 여덟 권이 북양(北凉, 397~439) 무렵 전래되었다는 점과, 용문석굴과 돈황석굴에 남아 있는 작품으로 전래 시기를 추정할 수 있다. 당시는 말법의 시기라 하여 삼계교(三階教)[115]가 발생한 7세기 후반 무렵이었다. 그 후 아미타정토교와 결합하여 지장신앙은 더욱 성숙해졌다. 송대에 와서 인간의 사후 문제와 관련한 지옥사상과 결부되어 지장십왕신앙(地藏十王信仰)으로 발전하였다. 명대 이후 도교를 중심으로 지옥십왕신앙이 더욱 활발하게 신

114) 오양미, 상게서, p590~p591

115) 삼계교(三階教) : 중국 수(隋)나라 때 신행(信行, 540~594)이 일으켜 송(宋)나라 때까지 약 400년 간 유행한 불교의 한 종파. 삼계종, 삼계불법, 보법종(普法宗)이라고도 한다. 『대방광십륜경』과 『대집경』 등에 근거해서 정법(正法)을 일계, 상법(像法)을 이계, 말법을 삼계로 나눈 다음 당시를 어지럽고 탁한 삼계라고 규정했다. 여기에 속하는 범부(凡夫)는 깨달음을 얻기 위하여 보경보불(普敬普佛)에 의지할 것을 주장했다. 즉, 모든 사람은 불성을 갖췄으므로 이를 공경하고 여래장불과 불성불, 당래불로 받아들여야 한다는 주장이었다. 이는 모든 사람을 차별하지 않는다는 보경사상으로 전개된다.

앙되었다. 같은 시기 삼국 시대의 지장 관계 사료는 별로 많지 않다. 그 가운데 당에서 활동했던 '김교각(金喬覺)'[116]이 지장의 화신이었다는 기록은 당시 한국에도 지장신앙이 성행했음을 짐작하게 한다.[117]

한국에서 지장신앙은 기복신앙으로 자리잡았다. 지장보살은 보살 중에서도 현세 중생의 이익을 대변하는 관세음보살과 더불어 인간의 사후 이익을 대변하는 보살로 널리 신앙되고 있다.[118]

### 한국 지장보살의 세 유형

제1기-한국에 전래된 시기는 확실하지 않으나 불교가 전래된 삼국시대 무렵으로 추측한다.『삼국사기』『삼국유사』및 현재 남아있는 조각상과 그림, 중국과 일본에 산재한 관련 사료를 통해 가늠할 수 있다. 지장보살에 관한 고구려의 기록은 없고, 백제와 신라의 현존 기록을 통해 6~7세기 무렵 삼국에 지장 관계 경전이나 의궤 등이 전래되었을 것으로 본다.

일본에 남아있는 백제의 지장 관련 기록과『삼국유사』에 담긴 신라의 기록 가운데 점찰법회(占察法會) 중심으로 지장신앙

116) 김교각(金喬覺, 696~794 또는 653~752) : 신라의 왕자 출신으로 여겨지며 중국 주화산에 화성사를 짓고 불법을 펼쳤다. 임종 후에는 등신불이 되었는데 지금도 주화산 지장보전에 그의 등신불이 봉안되어 있다고 한다.
117) 오양미, 위의 글, p592
118) 오양미, 위의 글, p593

의 형태적 발달 과정을 알 수 있다.

일본 기록 중 『대일본불교전서(大日本佛教全書)』 권85 「사지부(寺誌部) 3」에 '석각현집(釋覺賢輯)의 반구고사편람 동어전삼수승지장존입상조(斑鳩古事便覽 東御殿三殊勝地藏尊立像條)'가 있다. 이는 1836년 호류지(法隆寺)에 전해 내려오는 금석문 편집본이다. 에도시대에 성행한 성덕태자신앙과 함께 작성되었을지도 모르나 아스카문화가 백제문화와 깊이 연관되어 있다는 사실을 고려하면 백제에서 지장보살상을 전해 받았으리란 추측도 가능하다. 백제왕이 다른 나라의 천황에게 세 가지 뛰어남을 지닌 지장보살을 보냈다고 한 내용에서, 당시 백제 왕실이나 국가가 중심이 되어 지장신앙을 섬겼을 것으로 추측한다.[119)]

한편 삼국 가운데 지장신앙 관련 기록이 가장 많이 남아있는 통일 전후를 불문하고 신라의 경우 통일 전후와 상관없이 점찰법회를 중심으로 한 내용이 대부분을 차지한다. 삼국유사 가운데 신라에서 행해진 가장 오래된 점찰법회는 신라 26대 진평왕 때 활약한 원광(圓光)의 행적으로서 613년에 "어리석은 중생들을 개요(開曉)하기 위하여 귀계멸참(歸戒滅懺)으로서 점찰보(占察寶)를 설치하고, 그것을 항규로 삼는다"라는 기록이 있다. 여기서 점찰보의 보(寶)는 고대에도 있었던 사원경

119) 오양미, 위의 글, p594

제기구의 하나인 일본의 '강(講)'과 유사하다. 당시 지장신앙은 개인적인 참회수법만이 아니라 망인의 추선의식(追善儀式) 성격도 갖고 있었다. 그리고 당시 점찰보는 참회법을 통해 일반 민중을 교화하고 윤리를 확립시키는 역할을 했다는 주장도 있다. 『삼국유사』 권4 「의해(義解) 5 진표전간」은 740년 진표(眞表)가 지장보살로부터 정계(淨戒)를 받고, 다시 미륵보살로부터 『점찰경』 두 권과 증과(證果)의 간자(簡子) 189개를 전해 받았다는 기록이다. 지장신앙이 미륵신앙보다 한 단계 아래였음을 알 수 있다. 지장에게 구원받았어도 최종적으로는 미륵에게 구제되는 것을 중요시했다는 뜻이다. 지장이 설한 점찰법회의 실천가였던 진표도 미륵신앙과 융합된 신라적 지장신앙으로서의 특성을 가진 교법을 설파했다고 해석할 수 있다. 이는 중국과는 다른 신라 참회불교의 전개였다.[120)]

### ③ 삼신신앙(三神信仰)과 습합

불교의 각종 의례는 불교 본연의 불사와 내세명복을 비는 재(齋), 현세복락을 위한 각종 기도들로 구성된다. 민중이 사찰에 출입하는 이유이기도 하다. 사찰에서 행하는 의례는 크

120) 오양미, 위의 글, p597 ; 채인환, 신라진표율사연구(Ⅲ), 불교학보 25, 1988 재인용

게 세 가지로 나뉜다. 첫째, 부처님의 탄신일 · 출가 · 성도 · 열반을 기념하는 4대 명절과 부처님께 드리는 예배, 곧 예불과 법회 등의 불사이다. 둘째, 사자의 명복을 비는 49재나 100일재, 고혼의 위령제인 수륙재와 생전에 미리 왕생극락의 길을 닦는 생전예수재(生前豫修齋) 등의 사령제이다. 셋째, 현세복락의 소원 성취를 위한 기도의 각종 의례, 곧 자식 발원과 장수 연명을 기원하는 칠성기도, 사업 성공과 번창을 비는 산신기도 등이다. 여기서 첫째 불사는 불교 승려와 독실한 불교 신자들의 정규적인 의례이고 둘째와 셋째에 해당하는 의례는 민간에서 신봉되는 기도형 불교로서 비정규적 의례이다.

이러한 의례 속에는 대중의 신앙 형태인 무속 요소가 개입하여 사찰과 그곳에 모신 신격들로 표현되었다. 칠성신앙을 나타내는 산신각이나 칠성각, 독성각 등에서 확인할 수 있다. 이 세 전각은 한국 불교의 토착화를 설명하는 핵심 대상이다. 칠성각이나 산신각은 각각 '칠성신도(七星神圖)'와 '산신도(山神圖)'를 모신 전각으로서 본당 뒤꼍에 세운다. 산신과 독성 그리고 칠성을 모시는 전각은 대체로 삼성각이라고 부른다. 삼신당(三神堂), 성모각(聖母閣), 북두각(北斗閣), 칠성전(七星殿), 칠성보전(七星寶殿), 삼성보전(三聖寶殿) 등 여러 별칭도 있다. 이러한 명칭을 통해 주로 칠성을 중심에 두고 좌우에 산신 또는 독성을 모신다는 것을 알 수 있다. 여러 별칭 가운데 산왕각, 산령각, 단하각, 지령각, 산제각, 산신당, 고성전 등은 재래의 산신신앙이 불교와 교섭하는 양상을 밝히는 데 매우 중요한 단서를 제공한다. 특히 산신각은 불교 전래 이전부터 있었던 고유 신앙의 잔존 형태로서, 재래신앙과 불교가 습합된 일례이다. 사원의 창건설화들 중에서도 불교수용 초기 기존 신앙의 성역이나 근처에 사찰이 세워졌던 예가 많다. 대부분 산신숭배 · 기자 · 기우 · 재복발원 등 민간신앙에서 성소(聖所) 구실을 했던 곳이다. 다른 나라에서는 보이지 않는 삼성각(三聖閣)과 삼신(三神)이란 존재는 한국 사찰만의 특성을 대표하는 사례이다.[121)]

### 산신신앙(山神信仰)

오늘날 한국의 산신도나 조각에 표현된 산신은 호랑이를 옆에 거느리거나, 호랑이 등 위에 올라탄 기호노인(騎虎老人)으로 인격화되어 있다. 토착산신의 모습으로 나타나는 기호노인은 태양신적 천신숭배와 농경민의 생활근거를 이루는 대지의 지모신적 성격이 결합한 결과물이다. 대지와 친근한 곰은 지모신으로서 천신과 일치하여 산신 속에 융화되었고, 호랑이는 산신을 호위하게 된 것이다.[122)]

상고시대부터 신성한 공간인 산을 숭배하는 산신신앙은 천신신앙과 동일한 개념에서 유래했다. 이후 환인을 비롯한 삼

---

121) 오출세, 상게서, p185

122) 최종석, 상게서, p275~p276

국의 개국주나 용맹한 장수들이 사후에 산신이 되어 국가와 도읍을 지켜 주리라는 믿음이 더해졌다. 국가에서는 명산을 정하여 호국신을 숭배했다. 신라의 나력 · 골화 · 혈례 삼산에 대한 대사가 그러하고, 고려 때의 덕적산 · 백악 · 송악 · 목멱산 등 4악을 무녀로 하여금 봄, 가을로 대제를 올리게 했던 예나, 지방 관원과 고을민이 대악(大岳)에 제사지낸 기록이 남아 있다.[123] 마을에도 성역화한 일정한 장소가 있었고 가정에서는 입목(立木)을 설정하여 가신으로 숭배하였으며, 무속에서 수많은 산신을 신봉하였다. 산신은 국가를 수호하고 생산을 주관하는 신으로서 숭배되었고 천지신명(天地神明)으로 간주되었다.

한국의 고대 산신은 주로 여신으로 여겨졌다. 회임과 출산에 따른 생산력을 중요하게 생각한 까닭이다. 토지신이나 곡식을 여성과 동일시하는 사상은 동서양을 막론하고 공통적인 사고였다.[124] 신라의 남해왕비를 비운제부인(妃雲帝夫人)이라고 부른 경우[125]나, 고려 태조의 조상 호경(虎景)을 모셔가기 위하여 범으로 나타났다가 다시 여신으로 출현했다는 평나산(平那

123) 문진열, 상게서, p49~p50

124) 문진열, 상게서, p52

125)『三國史記』 卷第一, 新羅本紀 第一, 南解 次次雄 '南解 次次雄立 次次雄或云慈充 金大問 云方言謂巫也丗人以巫事鬼神尚祭祀故畏敬之遂稱尊長者爲慈充 赫居丗 嫡子也身長大性 沉厚多智略母 閼英 夫人妃 雲帝 夫人 一云 阿婁 夫人 繼父即位稱元', http://www.history.go.kr/url.jsp?ID=NIKH.DB-sg_001_0030_0010 (검색일: 2013년 10월 30일)

山, 지금의 구룡산) 산신의 예가 있다. 『동국여지승람(東國輿地勝覽)』에 나오는 산 이름 가운데 모악(母岳) · 대모산(大母山) · 부산(婦山) · 모악산(母岳山) · 모산(母山) · 모석산(母石山) · 자모산(慈母山) 등을 속명(俗名)의 의역이라고 해석하면, 본래는 어미산 또는 할미산으로 불렸으리라 추정할 수 있다.[126] 단군신화의 호랑이도 여신의 성격이 강하다. 삼국유사에 나오는 호랑이와 곰은 똑같이 환웅에게 사람이 되기를 기원하였다가, 곰은 삼칠일을 기(忌)하여 여신이 되었고, 호랑이는 기하지 못하여 여신으로 변신하지 못했을 뿐이다. 이는 호랑이와 곰을 숭배하는 토테미즘의 표현이다. 고려 태조의 선조가 호녀(虎女)를 아내로 삼았다는 설화도 그러한 신앙의 한 표현이다.[127] 충청도의 '산지킴이', 경상도의 '산찌검이' 등 산의 임자, 산을 지키는 자라는 의미를 가진 방언을 보아도 호랑이신앙을 짐작할 수 있다. 산악숭배의 신격이 호랑이로 바뀌면서 토테미즘 형태와 얽혀 조상신으로 변모한 것이다. 이는 토테미즘이 인격화될 때 원시사회의 모권(母權)을 반영한 결과로서, 곡령신이나 지모신처럼 여신화한 것이다. 점차 유교적 합리주의가 나타나면서 남신(男神)으로 바뀌어 간다. 산신신앙의 구상적 형태인 신당이 사찰 안으로 모두 흡수되면서, 신체(神體)인 산신

126) 오출세, 상게서, p187

127) 김정학, 『단군신화와 토테미즘』, 『역사학보』 7집, 1954, p281, 오출세, 상게서, p187 재인용

사진9. 산신도. 국립민속박물관 소장.
한국의 고대 산신은 주로 여신이었으나 유교적 합리주의의 영향을 받아 남신으로 바꿔어 기호노인(騎虎老人)이나 기호승려(騎虎僧侶)의 형상으로 그려졌다.

도는 호랑이를 탄 노인(騎虎老人)에서 호랑이를 탄 승려(騎虎僧侶)로까지 변화하였다.[128)]

민간의 산신신앙은 크게 두 가지로 나뉘는데 각 가정에서 행하는 고사(告祀)와 마을공동으로 행하는 산신제(山神祭) 또는 도당제(都堂祭)이다. 가정의 산신숭배신앙은 뿌리가 깊다. 후

128) 장주근, 『한국의 신당 형태고』, 『민족문화연구』 1집, 1964, p33, 오출세, 상게서, p188 재인용

사를 얻기 위해 치성을 드릴 때에도 산이나 절을 찾았다. 부여와 고구려의 왕들도 후사가 없어 산천에 기도한 예가 있다. 각 지방에서는 지역 설화 주인공의 출생지로 인정되어 일정 지역의 문화적 발상지로서도 숭배되었다. 환웅은 태백산의 산신으로, 단군은 아사달의 산신으로, 수로는 구지봉의, 해모수는 웅심산의 산신이 되었다. 신라 6촌장은 표암봉과 현산 산정에 하강하여 박혁거세를 맞이하였고, 탈해왕은 토함산에서, 사소성모(娑蘇聖母)는 선도산(仙桃山)에서, 경순왕(敬順王)은 현산(峴山)에 강림하여 신으로 각각 숭배되었던 예가 이를 뒷받침한다.[129)]

불교에서 산신신앙은 산신당(산신각, 칠성각, 독성각)에서 발견된다. 산신당에는 산신탱화가 봉안되어 있다. 불공을 드리거나 도량을 지키는 신중을 맞아들이는 의식인 신중작법에서 산신을 신중의 한 신으로 맞아들이는 제의를 행했다. 산신도(산신탱화)의 기원은 신중도의 도상에 등장하는 인물에서도 찾아볼 수 있고, 신중신앙의 호법선신으로도 이해할 수 있다. 불당 중단에 같이 봉안되는 명부신앙의 중심격인 지장보살도나 시왕도 등에서도 산신도의 성립을 짐작할 수 있다.

산신신앙은 한국 토속신앙으로서 불교 전래 이후 호법선신으로 포용된다. 신중탱화 하단 위목(位目)에 '봉청만덕고승성

129) 문진열, 상게서. p51

개한적주산신(奉請萬德高勝性皆閑寂主山神)'이 이를 입증한다. 호법선신으로서의 산신이 불교화한 모습은 하나의 신앙으로 독립하였고, 그 결과 사원 안에 산신각이 들어서고 산신탱화가 봉안되었던 것이다.[130)]

### 칠성신앙(七星信仰)

칠성각은 한국 사찰에만 존재하는 독특한 전각이다. 장수를 주재하는 신으로서 칠성을 봉안한다. 원래 도교신앙과 관련이 깊고 중국에서 형성되어 한국에 유입된 신이다. 칠성은 104위 신중탱화에서 보면 중단에 속하고 여타 신중처럼 불법 수호에 참여한다. 처음에는 단순한 수호신으로 받아들였으나, 차츰 독립적인 민간신앙의 대상으로 인식되었다. 이는 칠성단 의식의 청사(請詞)[131)]에서 찾을 수 있다. 북두 제1은 자손에게 만덕을, 북두 제2는 장애와 재난 소멸을, 북두 제3은 업장 소멸을, 북두 제4는 구복을, 북두 제5는 백 가지 장애 소멸을, 북두 제6은 복덕을 두루 누리게 한다. 북두 제7은 수명 연장의 신력을 지녔다 하여 민간에서 신봉하였다. 즉, 민중 염원을 구체화한 부처님의 모습으로 수용되어 불교적으로 탈바꿈

---

130) 오출세, 상게서, p190

131) 청사(請詞): 여러 귀신들을 종류에 따라 청하여 부르는 범패 안채비소리의 하나. 한 종류가 끝날 때마다 대중이 함께 따라 부르는 향화청(香花請)과 가영(歌詠)이 붙는다.

사진10. 남산 칠불암 칠성각 탱화(출처: 네이버 지식백과)
칠성신앙은 수명과 자녀 생산 및 장수를 기원하는 신앙으로 칠성각은 불교가 우리나라에 토착화한 전형적 사례이다.

한 것이다. 나아가 도교의 칠성을 불교의 칠여래(七如來)로 신앙하여 칠성신앙의궤나 칠성탱화로 표현하였다.

신도들의 시주를 받아 승려가 불단에 공덕을 드려서 재액초복을 기원하는 칠성기도는 일정한 기간을 정하여 칠성을 주신, 주불로 모시고 정진한다. 대개 음력 5월 7일, 7월 7일에 가장 많이 행한다.

『불교작법귀감(佛敎作法龜鑑)』에는 칠성불공의식은 칠성각이나, 칠성전에 법주(法主)가 칠성을 청하여 공양의식을 진행하는 것이라고 적혀있다. 칠성청이란 칠성을 청할 때 의식을 간략하게 하기 위해, 칠성을 한꺼번에 청하는 것이며 보다 장엄

하게 할 경우에는 일곱 여래를 각각 청하는데 이는 칠성각청(七星各請)이라고 불렀다.[132)]

칠성신앙은 산신신앙과 함께 민간신앙의 중요한 신앙이다. 산신신앙이 집안의 재앙을 덜고자 한 데 있다면, 칠성신앙은 인간 수명, 자녀 생산 및 장수를 기원하는 신앙이다. 형태는 달라도 전국적으로 통용되었다. 시신을 안치할 때 칠성판을 두고 거기에 인간의 명적(名籍)을 관리하는 칠성을 그리거나 구멍을 뚫는다. 열두거리 굿 가운데 핵심 대목인「제석거리」를 보면 인간의 장수, 특히 자녀의 수명을 위해 기원하는 대목이 있다. 조선시대에는 자녀 생산과 장수를 비는 사람들이 칠성신에 불공을 드렸는데 이때 수많은 칠성계(七星契)가 등장하기도 한다.

불교 토착화의 전형적 모습인 칠성신앙이 불교에 포섭된 시기는 불분명하다. 신라와 고려 때에도 칠성신앙이 존재했다고 추측할 수는 있다. 그러나 조선 현종 이후 사찰 승려들이 전조(田租)를 받아 생계를 유지하다가 재(齊), 불공(佛供), 축복, 의식을 행하여 생활해야 하는 처지에 직면하면서부터 산신각, 독성각, 칠성각이 사찰에 필수적으로 부설되었으리라고 본다. 칠성각은 정종(定宗) 때 이미 도교적 속신이 불교로 포섭된 형태였다고 짐작할 수 있다.[133)]

---

132) 오출세, 상게서, p193

133) 김태곤,『한국무가집 Ⅱ』, 집문당, 1971, p269

칠성신앙은 첫째, 인간의 수명 연장을 기원하는 신앙이다. 둘째, 생자득남(生子得男)을 기원하는 신앙으로 특히 대인(大人)이나 위인(偉人)의 출생과 관련이 깊다. 셋째는 칠성이 부처의 명을 받아 인간의 죄업과 재액을 주관하여 천복소재(薦福消災)한다는 믿음이다. 넷째, 호국과 국토의 재앙 양재, 질병의 소멸을 기원하는 신앙이다. 오늘날까지 불교신앙에서 중요한 부분을 차지하며, 민중에게도 자연스러운 신앙 형태로 수용되었다. 이는 한국 불교문화의 독특한 측면으로서 민중의 세속적 기원이 불교문화와 조화를 이루며 전승된 사례이다.

### 독성신앙(獨聖信仰)

독성신앙은 단군신앙과 불교가 결합된 신앙이다. 독성은 일반적으로 천태산(天台山)의 나반존자(那般尊者)라고 한다. 범어로 '빈두로파라타(賓頭盧頗羅墮)'이다. 인도 소승불교에서는 독성을 상좌로 삼는 풍습이 있다. 중국 동진의 도안(道安)이 처음 신앙하였으나, 송나라 태초 말기(471년)에 법현과 법경 등이 그의 형상을 그려 공양하였다고 전한다. 나반존자는 원래 부처의 제자들인 나한계(羅漢界)에 속했으나, 16나한과 더불어 열반에 들도록 부처가 허락하지 않아, 홀로 남인도 천태산에서 수도하고 있는 성자이다. 말법시대의 중생들이 복덕을 받을 수 있게 한다고 여겼다. 내세에 독성에게 빌면 도를 빨리 깨우친다고 믿었다. 그런데 나반이라는 존재나 용어는 중국이나 일본의 불교사전에서는 찾아볼 수 없다. 그런 까닭에 범어의 빈두로(賓頭盧)와는 다른 존재로 보아 한국 고유의 신으로 추측하는 경우도 있다. 더욱이 '독성(獨聖)'이라는 말은 무불세(無佛世)에 홀로 연기법을 깨달은 독각불(獨覺佛)이라는 뜻이다. 한국에는 독각불을 단군왕검과 동일시하는 신앙이 있으므로 독성은 곧 단군이라는 견해도 있다.

요컨대 도교적 신격인 칠성과 한국 고유의 산신 그리고 불교적인 독성을 함께 모신 삼신신앙은, 한국적 종교혼합주의의 전형적 사례이며, 무불선 삼교의 융합을 상징한다. 민중이 외래 종교를 수용하는 방식으로 이해할 수 있다.[134)]

한국의 무속을 비롯한 여러 토착신앙과 불교 사이의 습합이 유기적으로 활발하게 진행되었던 원인은 무엇일까. 김태곤은 '미분성(未分性)에 기반을 둔 순환적 지속 사고체계'에서 그 원인을 찾는다. 무속의 기저에는 신성(神聖)을 기반으로 이승과 저승, 삶과 죽음, 있고 없음을 명확히 구분하지 않는 미분성(未分性)이 존재하며, 이러한 미분성으로 인해 모든 존재는 사라지지 않고 끊임없이 순환하여 지속된다는 믿음이 생겨난다는 것이다. 불교에서 내세와 업복의 윤회를 중시하는 측면이나 선(禪)을 통해 공(空)에 이를 것을 강조하는 설법도 그 저변

134) 오출세, 상게서, p195~p196

에 '미분성(未分性)에 기반을 둔 순환적 지속 사고체계'가 깔려 있기 때문이며, 불교와 무속이 마찰 없이 습합하게 된 원인이라고 주장하였다.[135)]

135) 김태곤, 「무속과 불교의 습합」, 『한국민속학』 Vol.19 No.1, 한국민속학회, 1986, p171~p172

# 2. 일본의 종교습합 유형

## (1) 샤머니즘적 종교전통

일본의 종교는 다양한 자연현상에서 정령을 감지하는 신앙인 정령신앙과 도작문화(稻作文化)의 도입 이후, 생산과 풍요를 기원하면서 형성된 조령신앙, 『고사기(古事記)』와 『일본서기(日本書紀)』에 등장하는 국가창생에 관한 국조신 신앙이 하나로 어우러져 성립된 '신도(神道)'가 대표적이다. 신도에는 신과 교감하며 점사 및 제사의례를 행하는 샤머니즘적 요소도 포함되어 있다. 샤먼의 신들림 현상은 신과 인간의 커뮤니케이션을 위한 하나의 수단으로 기능하였다. 특히 일본의 민속신앙에서 뿌리 깊게 영향력을 행사하는 영능(靈能) 기도자들의 활동을 보면 샤머니즘적 특징이 두드러지게 나타난다. 일반적으로는 오가미야라고 부르며 지역에 따라 유타, 이타코, 고미소라

사진11. 오키나와의 노로(출처: 위키피디아)
오키나와의 경우 남자인 무격은 유타, 여자인 무당은 노로라고 한다.

고 불리는 무녀들이 영능 기도자에 속한다. 신의 뜻은 종종 점(占)을 통해 알 수 있다고 여겼다. 자연현상이나 특별한 방식으로 신의 뜻을 알고자 하는 점술이 고대로부터 다양하게 존재했다. 고대의 점술로는 거북점[龜卜]이 가장 유명하다. 그리고 옳고 그름을 재판할 때 신에게 맹세시킨 후 뜨거운 물에 손을 넣어 악인을 가리는 구가타치(盟信探湯)라는 점술이 있었다. 현대에는 제비뽑기로 길흉을 점치는 오미쿠지가 가장 보편적이다. 한편 일본 종교의 중요한 부분을 차지하는 조령신앙은 조상이 같다는 관념을 전제로 하며, 개인 및 집단의 아이덴티티 형성에 중요한 역할을 하였다. 부계를 따라 이루어진 조상숭배는 동족제사 및 씨족제사 등을 통해 사회통합 기능을 담당하였다. 조상은 단순히 개인이나 집단과 계보적으로 연결된 존재가 아니었다. 조상령, 조상신으로 승격하여 자신과 일족을 수호하는 존재로 변화했다. 혈연을 넘어 일족을 결집시키는 조상신 숭배가 확대 해석됨에 따라, 일본이라는 국가를 '확대된 가족'으로 여기는 이데올로기가 출현하였다.[136)]

한편 불교는 진호국가 개념으로 도입된 이래 토착적 신기신앙(神祇信仰)과 습합하여 인도, 중국, 한국과 다른 독자적인 일본 불교로 자리 잡았다. 일본에서 '신도(神道)'라는 말은 『일본서기』 권21에 "천황께서 불법을 믿으시고 신도를 높이셨다"는 기사에 처음 등장한다.[137)] 김장현은 일본에 불교라는 외래 종교가 전래되자 특별히 일본 고유의 제사나 신앙 형태를 "신도(神道)"로 의식한 것이라고 보았다.[138)] 한편 '습합'이라는 말은 일본의 중세 무로마치 시대(室町時代) 때 신관이었던 요시다 가네모토(吉田兼倶)가 처음 사용하면서부터 종교 · 사상적 용어로 일반화되었다. 그러나 요시다 이전부터 대승불교 논리에 입각

136) 박규태, 상게서, p26~p30

137) 『日本書紀』 巻第二十一, 用明天皇, "天皇信佛法尊神道"

138) 김장현, 「습합신학으로서 일본신도사 연구」, 강원대학교대학원 박사논문, 강원대학교, 2009, p17

한 사실상의 습합현상이 존재하였다. 8세기 이후 본지수적(本地垂迹), 화광동진(和光東進) 등의 개념을 바탕으로, 부처가 중생을 구제하기 위해 화신(化身)으로 나타난다는 '가미(神)'사상이 그것이다. 가미는 부처의 화신이자 수적신이라 하였다. 그러한 신을 모시는 신사를 곤겐(権現)이라 불렀다. '습합'이라는 말은 본래 『예기(禮記)』「월령(月令)」조에 처음 나왔다. "是月也,以立夏.……乃命樂師習合禮樂"이라 하여 "이 달은 입하이므로……이에 악사에게 예악의 합주를 연습하도록 명하였다."는 대목에서 합주연습, 즉 합동연습을 의미했으나, 가네모토 이후 서로 다른 두 개 이상의 사상, 종교 등의 절충 또는 조화라는 새로운 의미가 생겼다. 일종의 종교적 신크레티즘(syncretism) 개념으로 거듭난 것이다.[139]

이처럼 일본의 종교습합은 고대 원시신앙인 신기신앙에서 출발하여, 한반도 도래문화와 함께 전래된 불교와 절충되고 조화를 이룬 신불습합(神佛習合)으로 독자적인 일본불교를 형성했다. 현재 일본 종교는 신도와 불교가 압도적으로 우세하다. 한편 특정 지역에만 정주하거나 유랑하면서 병인기도, 사령(死靈)과의 대화 등 신비한 능력을 행사하는 민간신앙이 힘겹게 명맥을 유지하고 있다.[140] 다음 장에서는 일본의 고유

139) 김장현, 상게서, p4~p5

140) 마쓰오 코이치, 「신도(神道) · 불교(佛教)와 민간신앙(民間信仰)–한일 민간 종교의 비교 연구를 목표로 하여–」, 『한국민속학 · 일본민속학 II』, 국립민

신앙과 외래종교인 불교와의 습합 양상을 살펴보고자 한다.

### (2) 불교 전래 이전의 일본 고유 신앙

#### 1) 조몬 시대의 원시신앙

일본 종교의 시작을 밝히려면 석기를 사용했던 선토기문화(先土器文化) 시대[141]까지 거슬러 올라가야 한다. 그러나 이 시기의 종교 관념은 거의 알 길이 없다. 그럼에도 기원전 8천 년경부터 기원후 3세기에 해당하는 조몬 시대(縄文時代) 때 제작된 조몬 토기가 다량으로 출토되어 종교적 추측이 가능하다.[142] 토우와 토판, 옥, 석봉을 비롯한 석제 용구나 골각기

---

속박물관, 2006, p33~p34

141) 선토기문화(先土器文化) 시대: 일본 고고학에서 신석기 시대보다 앞선 구석기 시대를 일컫는 말. 무토기(無土器) 시대라고도 한다. 시기는 아오모리 현(青森県) 소토가하마 마치(外ヶ浜町) 오다이야마 모토이치(大平山元I) 유적에서 출토된 토기 부착물의 'AMS법방사성 탄소연대측정 역년교정 연대법'에 의해 1만 6500년 전으로 추정한다. 이와테 현(岩手県) 가네토리(金取) 유적을 들어 4~6만 년 전으로 보는 견해도 있다. 그러나 일본의 구석기 시대는 유적의 진위여부와 유적시대의 신빙성 문제 등으로 명확하지 않다. 위키피디아 '일본 열도의 구석기 시대(日本列島の旧石器時代)', 네이버 '일본의 구석기시대' 참조.

142) 무라카미 시게요시 외 지음, 최길성 편역,『일본의 종교』, 예전, 1993, p17

등 종교 의례나 주술에 사용되었을 것으로 보이는 유물들 가운데 종교성을 엿볼 수 있는 유물로 여성형 토우가 있다. 조몬 중기부터 나타나며 일본 전역에서 발견된다. 얼굴과 팔, 다리는 거의 드러나지 않고 가슴과 배 등 여성적인 부분이 과장되어 있다. 얼굴에서부터 손발, 몸 전체에 기묘한 점과 문양이 그려져 있다. 임신한 배를 강조하거나 아기를 안고 젖을 먹이는 모양, 아기를 등에 업은 모양, 복부에 작은 구멍이 나 있어서 거기에 작은 토우가 들어있는 모양이 있다. 공통적으로 여성의 생산력을 상징한다. 특히 머리와 몸통이 떨어진 채 발견되는 토우에서 조몬 시대의 종교적 특징을 읽을 수 있다. 처음부터 머리와 몸통을 다른 재질의 점토로 따로 만들어 붙인 토우를 다시 잘라 묻었기 때문이다. 여럿으로 갈라진 몸은 토우의 죽음을 표현한다. 역설적이게도 이는 죽음을 극복하고 새 생명으로 탄생하기를 기원하는 신앙을 상징한다. 『고사기』에는 여신 오호게쓰히메(大宜都比賣)의 죽은 몸에서 누에와 볍씨, 밤, 팥, 보리, 콩이 나왔다고 한다. 『일본서기』에는 아메노구마히토(天熊人)가 우케모치노가미(保食神)에게 가보니 죽은 그의 시체에서 밤, 피, 벼, 보리, 콩이 나왔기에, 그것들을 가져다 아마테라스(天照大神) 여신에게 바치자 여신이 좋아하며 그 씨들을 밭에 뿌렸다는 내용이 있다. 모두 오곡기원신화와 관련된다. 생명의 탄생을 죽음의 극복으로 이해하는 신앙이

사진12. 조몬 토기, 아오모리 현(青森県) 니라쿠보(韮窪) 유적 출토
(출처: 네이버 고고학사전)

일찍이 조몬 시대에 형성되었다는 추측이 가능하다.[143)]

장묘 형태로도 당시의 종교 관념을 엿볼 수 있다. 조몬 중기부터 큰 돌을 늘어놓거나 엇갈려 놓아 만든 배석유구(配石遺構)가 나타나는데 집단적 제사가 이루어지던 제장(祭場)으로 보기도 하고 공동묘지라는 견해도 있다. 아키타 현(秋田県) 오유(大湯)와 나가노 현(長野県) 와쓰바라(上原) 등 주로 동일본에서

143) 조재국, 「일본종교의 신개념의 습합적 성격에 관한 연구: 고대 토착종교와 중세불교의 신들」, 『신학논단』 제66집, 연세대학교 신과대학, 2011, p126~p128

사진13. 조몬 시대의 다양한 토우.
여성의 신체적 특징이 강조된 토우는 다산과 풍요를 상징한다.

대표적 배석유구인 환상열석(環狀列石)이 발견된다. 20미터가 넘는 큰 공간에 형성된 수혈주거지로 짐작하건데, 조몬 후기에는 집단 안에 여러 영(靈)이나 사령(死靈)을 제사지내는 제장을 설치했던 것으로 보인다. 그리고 토우나 인골과 함께 출토되는 여러 가지 장신구는 악령으로부터 자신을 보호하기 위한 목적으로 사용했다고 이해할 수 있다.[144)]

조몬 시대의 특징을 간직하고 있는 것으로 알려진 홋카이도

144) 무라카미 시게요시, 상게서, p18

의 아이누문화 중에 '이요만데'라는 축제가 있다. 이 축제에서는 곰의 영혼을 신의 나라로 보내는 의식을 행한다. 이 때 '이나우'라는 솟대를 세우고 축문을 읽고 시 낭송을 듣는 일련의 행위는 전형적인 샤머니즘 의례이다. 이요만데 축제는 수렵채집이 생활수단이었던 조몬 시대의 신앙을 반영한 것이다. 생명의 탄생과 죽음을 동일시하는 토우신앙의 맥락으로 볼 때, 동물을 죽이는 행위는 동물의 영혼을 해방시켜서 본향으로 돌려보내는 것이라고 믿었던 조몬인들의 종교적 사고가 들어있다고 해석되기 때문이다.[145)]

조몬 시대에는 정령신앙, 자연숭배, 사령숭배 등의 원시적인 종교 관념이 존재했고 여러 가지 주술도 행해졌으며 여성형 토우나 거석을 늘어놓은 배석유구 같은 유물, 유적을 통해 당시 종교생활과 종교 관념이 상당히 발전한 단계였음을 짐작할 수 있다.[146)]

### 2) 야요이 시대의 고유 신앙

기원전 2~3세기경에 이르면 조몬 시대에서 야요이 시대(弥生時代)로 넘어간다. 기타큐슈(北九州)의 해안지방으로 한반

145) 조재국, 상게서, p129

146) 무라카미 시게요시, 상게서, p19

도의 새로운 문화가 유입되었다. 일본 각지로 벼농사가 전해지고 원시 농경사회가 성립되어 조몬 문화와는 질적으로 다른 새로운 문화가 탄생했다. 야요이 시대에는 마제석기를 사용하였고, 청동기와 철기 문화도 전래되어 대륙의 수준 높은 기술로 만들어진 토기와 금속기 문화, 농경 문화가 일본 사회를 크게 변화시켰다.[147] 이러한 문화적 변화를 두고 '야요이 유신(弥生維新)'이라고 칭할 만큼 획기적인 문화혁명으로 평가하기도 한다. 이광래는 하니하라 가즈로(埴原和郎)가 주장하는 기원전 3세기부터 기원후 7세기 사이에 이루어진 '백만인 도래설'만 보더라도, 생물학적 유전인자의 이동으로 인한 혼혈화와, 그에 못지않은 초생물학적 문화운반자들의 이동으로 인한 문화적 융합현상이, 얼마나 지속적이고 광범위하게 진행되었는지를 알 수 있다고 하였다. 예컨대 기원후 5세기 후반 신라에서 대규모로 일본에 도래한 하타 씨(秦氏)의 경우 고대씨족의 신사록(神社錄)인 『신찬성씨록(新撰姓氏錄)』에 24개 씨족이나 기록되어 있고, 야마토 정권에서 국가조직을 급속히 정비하는 과정에 정치, 경제적으로 커다란 영향력을 행사했다고 논하였다. 그에 따르면 일본 고대의 씨족은 외부 세계의 힘으로 조직된 정치적 성격이 매우 강한 혈연집단으로, 신화나 전설을 통해 문화적 유전 소질을 계승하면서 습합해갔다. 종교적

---

147) 조재국, 상게서, p129

측면에서 보면 하타 씨를 중간숙주로 한 한반도의 산악신앙과 기타큐슈 부젠(豊前) 지방의 백산신앙(白山信仰) 사이의 신화적 유연성이 여기에 해당한다. 예컨대 나카노 하타요시(中野幡能)는 부젠국의 료하쿠산(兩白山)신앙이 예로부터 한반도의 태백산신앙과 환인 · 환웅 · 환검(단군) 삼신과 연관되어 있고, 산악수험도의 3대 영산 중 하나인 기타큐슈의 가가하쿠산(加賀白山)을 신앙지로 개산한 이가 도래인인 하타 씨족의 다이초(泰澄)였다는 점을 들었다.[148)]

이 시기의 종교는 농경의례를 기본으로 하여 발달하였다. 사람들은 일정한 지역에 정주하자 비, 바람, 가뭄 등의 자연재해와 병충해를 막고 풍요를 바라는 마음에서 신과 신령들에게 가호를 기원하는 집단적 제사를 지냈다. 농사가 시작되기 전에 열리는 춘제(春祭)와 수확 후에 치르는 추제(秋祭)가 일 년 중 가장 중요한 제사였다. 이 밖에도 풍작을 기원하는 토지신 숭배나 벼의 영(곡령)을 모시는 신앙이 있었다. 천신 관념도 벼농사 관련 농경의례와 결합해서 널리 확산되었다.[149)]

야요이 시대 중기 기원전 1세기에는 규슈 북부에 100여 개의 소국들이 나타나 연합 국가를 형성하였다. 『후한서(後漢書)』에는 기원후 57년에 규슈 북부에 있는 와노쿠니(倭奴國)의 왕이 후한의 광무제(光武帝)에게 사자를 보내어 금인(金印)을 받

148) 이광래, 『일본사상사 연구』, 경인문화사, 2005, p22~p24
149) 무라카미 시게요시 외, 상게서, p21~p22

았다는 기록이 있다.[150] 2세기 중엽부터는 30여 개 작은 국가들이 연합하여 여왕 히미코(卑彌呼)를 추대하였다. 239년에 위(魏)의 명제(明帝)에게 공납하고 '친위왜왕(親魏倭王)'이라는 칭호를 받았다고 한다.[151] 이 히미코에 대한 기록을 좀 더 살펴보면 다음과 같다.

> 其國本亦以男子爲王, 住七八十年, 倭國亂, 相攻伐歷年, 乃共立一女子爲王, 名曰卑彌呼, 事鬼道, 能惑衆, 年已長大, 無夫壻, 有男弟佐治國. 自爲王以來, 少有見者. 以婢千人自侍, 唯有男子一人給飮食, 傳辭出入. 居處宮室樓觀, 城柵嚴設, 常有人持兵守衛.[152]
>
> 그 나라도 본래 남자를 왕으로 삼아 7, 80년을 지냈으나 왜국에 난이 일어나 서로 싸우고 죽이기를 여러 해였으니, 마침내는 공동으로 한 여자를 추대하여 왕으로 삼았다. 이름을 히미코라고 하며 귀도를 섬기고 대중을 현혹하는 데 능하였다. 나이로는 이미 어른이지만 남편은 없고, 남동생이 있어서 (그가) 보좌하여 나라를 다스렸다. 왕이 된 이후의 히미코를 본 자가 드물었다. 계집종 1천 명이 자신을 시중들었고, 오직 한 남자가 음식을 대령하고 드나들면서 말을 전했다. 기거하는 궁실과 누각을 경계하여 성책을 삼엄하게 세웠고 상시 지키는 사람이 있었으니, 병사들이 수호했다.

150) 『後漢書』 卷八十五 東夷列傳 第七十五 倭

151) 『三國志』 卷三十　魏書 三十, 烏丸鮮卑東夷傳 第三十 倭

152) 『三國志』 卷三十　魏書 三十, 烏丸鮮卑東夷傳 第三十 倭

여기서 귀도(鬼道)는 샤머니즘을 의미할 것이며, 히미코는 외부와 철저히 격리된 궁실에서 신을 받들며 신탁을 전하는 샤먼이었다. 남자의 보좌를 받아 나라를 다스리는 전형적인 무왕이었음을 알 수 있다. 요컨대 야요이 말기에 나타난 야마토국(大和国)은 종교적 지도자가 부족국가를 다스리는 신정일치 국가였다. 중국과 교역을 할 정도였으나 아직 통일정권이 확립되지 않은 시기였으므로, 왕의 샤먼적 능력이 권력 유지를 위해서 결정적인 역할을 수행했다고 짐작된다. 여기서 귀도를 숭배하고 히미코를 왕으로 만든 힘을, 당시 일본열도와 통상 네트워크를 구축했던 화교(華僑) 세력에게서 찾으려는 시각이 있다. 오카다 히데히로(岡田英弘)는 화교들이 예나 지금이나 낯선 땅에서 새롭게 입식(入植)할 때 가장 먼저 고향 신의 사당을 세우고 결사를 다짐하는 관습에 주목했다. 2세기 중국에서는 이미 오두미도와 같은 샤머니즘적 예언과 치병주술 위주의 원시 도교 교단이 성립되었다. 오두미도의 장노(張魯)가 독립 세력을 구축한 다음 스스로 사군(師君)이라고 칭하면서 '귀도'로써 백성을 가르쳤다는 것이다. 따라서 당시 화교집단이 원시 도교의 조직인 귀도를 섬기는 히미코를 왜왕으로 만들었고, 왜인의 추장들에게 히미코의 권위를 인정케 했다고 주장한다. 이에 대하여 김장현은 히미코의 조정에서는 신라와 위 · 진(晉)에 사절을 보내는 만큼, 화교나 한반도의 도래인이었을지 모르나, 한문화(漢文化)에 익숙하고 제대로 된 한문을 이해하는 사람이 있었을 게 틀림없다고 보았다.[153] 스진천황(崇神天皇)[154] 기사에도 황위계승과 제사자의 결정 및 전쟁 등과 관련한 가미(神)의 계시라든지, 역병을 가라앉히기 위한 수수께끼 풀이 등 종교적 전승이 심심치 않게 등장한다.[155] 『일본서기』에서 스진천황의 점복과 제의에 관한 일례를 보면 다음과 같다.

> 七年春二月丁丑朔辛卯、詔曰、昔我皇祖、大啓鴻基。其後、聖業逾高、王風轉盛。不意、今當朕世、數有災害。恐朝無善政、取咎於神祇耶。蓋命神龜、以極致災之所由也。於是、天皇乃幸于神淺茅原、而會八十萬神、以卜問之。[156]
>
> 7년 봄 2월 15일에 "옛날 우리 황조께서 성대하게 개국하신 이래 천자의 치세는 마침내 번영을 이루어 천황의 교화는 점차로 융성해졌다. 그런데 지금 내 대에 이르러 누차 재해가 닥치리라고는 생각지도 못했다. 조정에서 선정을 베풀지 못했기 때문이며 천신지기의 죄를 받은 것은 아닌지 두렵구나. 내 어찌 거북점을 쳐서 재해가 일어나는 원인을 밝혀내지 않으리오."라고 말씀하셨다. 그리하여 천황은 즉시 가무아사지하라(神浅茅原)로 행차하시어 뭇 신들을 불러 모아 점복을 행하셨다.

---

153) 김장현, 상게서, p27

154) 스진천황(崇神天皇, 재위 기원전 97년~기원전 29년) : 『고사기』와 『일본서기』에 기록되어 있는 일본 야요이 시대의 10천황 중 제10대 천황. 일본식 시호 가운데 '하쓰쿠니 시라스(御肇國)'라는 말이 '초대 국가를 통치한다'라는 의미라고 하여 일본의 실제적인 개국시조로 보는 견해도 있다.

155) 이노우에 노부타카 외 저, 박규태 역, 『신도, 일본 태생의 종교시스템』, 제이앤씨, 2010, p44~p45

156) 『日本書記』 卷 第五, 御間城入彦五十瓊殖天皇 崇神天皇, 七年 二月

스진천황 5년 이래 나라에 역병이 창궐하여 백성의 태반이 사망하고 유랑민으로 떠돌게 되자, 스진천황이 신기지신에 제를 올려 부덕을 참회하며 국가의 안녕을 기원하였다는 기록이다. 이때 오모노누시카미(大物主神) 신이 무녀에게 빙의하였는데, 나중에 스진천황의 꿈에 나타나서 자기 아들인 오타타네코(大田田根子)를 시켜 자신의 제사를 지내게 한다는 조건으로 국가의 평안을 약속해주었다고 한다. 이는 고대국가에서 국가적 재앙을 왕이 부덕한 소치로 여겼던 관념을 구체적으로 보여주는 사례이다. 역병을 없애고 민심을 달래기 위하여 점복을 행하고 천신에게 제사를 지내 국가의 안녕을 기원하는 무왕으로서의 면모가 전형적으로 드러난다. 민간에서도 샤머니즘적인 종교의식은 일반적인 현상이었다. 『후한서(後漢書)』에 따르면 야마토국에서는 장례 후 유가족들이 물로 몸을 씻어 정결케 하는 '미소기(禊)'의식을 행하거나, 새로운 일에 착수할 경우 뼈를 태워 그 모양을 보고 길흉을 점쳤다고 한다. 멀리 항해할 경우 '지사이(持衰)'라는 사제가 동승하여 안전을 기원하였다. 목적지까지 무사히 도착하면 금전적인 보상을 받았으나, 만약 배가 사고를 당하면 죽임을 당하였다는 기록도 있다.[157] 이러한 기록에서 야요이 시대에 이미 신과 인간

---

157) 『後漢書』 卷八十五 東夷列傳 第七十五 倭, "灼骨以卜, 用決吉凶. 行來度海, 令一人不櫛沐, 不食肉, 不近婦人, 名曰「持衰」. 若在塗吉利, 則雇以財物. 如

을 중개하는 사제의 역할이 전문영역으로 인정받았음을 알 수 있다. 그리고 부족의 수장은 사제자인 동시에 통치자였으며 종교적 권위가 정치적 권위보다 우위에 있었음을 짐작할 수 있다.[158] 이 시기의 종교성이 엿보이는 장묘 형태 가운데 지석묘는 한국에서 전해진 양식이다. 규슈 북부에 많이 분포하고 묘광(墓壙)에 받침돌과 큰 판석을 얹은 형태이다. 지석묘와 더불어 대형 옹관묘가 규슈 북부에 집중되어 있는가 하면, 방형주구묘(方形周口墓)는 전국에 분포하며, 묘 주위에 사각형으로 도랑이 설치되어 있다. 이들 분묘에서 출토된 대륙형 청동검이나 고급 부장품으로 볼 때 권력과 부를 축적한 지배자의 무덤이었으리라 추정한다.[159]

### 3) 고분 시대의 고유 신앙

#### ① 야마토국의 대두

야요이 시대 이후 농경문화와 철기문화의 발달로 생산력이 향상되고 빈부의 격차가 발생하였다. 야마토 조정은 3세기 말

病疾遭害, 以爲持衰不謹, 便共殺之."

158) 조재국, 상게서, p130

159) 무라카미 시게요시 외, 상게서, p21

에서 5세기 후반에 걸쳐 전투와 외교를 통해 씨족연맹체 중에서도 압도적 우위를 차지했다. '왜 5왕' 시대에 이르면 가와치(河內)에 거점을 두고 대륙과 활발하게 교통한다. 그리고 적극적으로 책봉관계를 맺음으로써 한반도의 여러 나라와 대등한 국왕인 '왜왕'임을 내세웠다. 중국 황제에게서 국왕의 표징으로 하사받은 인새(印璽)와 거울, 무기, 유리제품은 자국에서 만들 수 없는 희귀품이었던 까닭에, 대왕의 왕권을 상징하는 보기(寶器)로 여겼으며, 신보(神寶) 또는 신기(神器)라 칭하여 숭배하였다.[160)]

### ② 도래문화와 신앙

5세기에서 6세기에는 도교 · 유교 · 불교 등의 종교와 고대 중국의 사상이나 학문 · 기술이 일본에 전해져 문자[漢子]의 사용이 시작되었다.[161)] 이 시기는 한반도에서 삼국이 각축을 벌여 그 영향이 지대했던 때이다. 백제는 475년에 고구려가 침공하여 위례성이 함락되고, 개로왕(蓋鹵王)이 전사하는 등 국가적 위기에 처하자, 웅진으로 천도하여 신라 및 왜와 동맹을 맺었다. 하지만 백제는, 위례성의 옛 영토를 두고 가야와도 대

---

160) 이노우에 노부타카, 상게서, p46~p47

161) 무라카미 시게요시 외, 상게서, p24

첩했던 시기여서 신라보다는 왜와의 동맹에 크게 의지해야 하는 상황이었다. 백제는 무령왕(武寧王) 때 왕권을 회복하고 521년에 고구려와의 전투에서 대승을 거둔다. 허나 성왕(聖王)에 이르러 고구려에 크게 패하여 다시 사비성으로 천도한 뒤 전열을 가다듬는다. 이때 백제는 왜에 군사적 지원을 요청하였고, 왜의 야마토 조정은 백제에 오경박사(五經博士) 및 기타 박사, 기술자의 파견을 요구했다고 한다.

七年夏六月 百濟遣姐彌文貴將軍 · 州利卽爾將軍 副穗積臣押山 百濟本記云 委意斯移麻岐彌 貢五經博士段楊爾 別奏云 伴跛國略奪臣國己汶之地 伏願天恩判還本屬[162]

7년(513) 여름 6월 백제가 저미문귀(姐彌文貴) 장군과 주리즉이(州利卽爾) 장군을 수적신압산(『백제본기』에는 '위의사이마기이(委意斯移麻岐彌)'라 하였다.)에 딸려 보내어 오경박사 단양이(段楊爾)를 바쳤다. 따로 아뢰기를 "반파국(伴跛國)[163]이 우리나라 기민(己汶)의 땅을 빼앗았습니다. 엎드려 청하옵건대 천은으로 본래 속했던 곳으로 되돌려 주게 해주십시오."라고 하였다.[164]

六月 遣內臣闕名 使於百濟 仍賜良馬二匹· 同船二隻· 弓五十張· 箭五十具 勅云 所請軍者 隨王所須 別勅 醫博士· 易博士· 曆博士等 宜依番上下 今上件色人 正當相代年月 宜付還使相

162) 『日本書紀』 卷第十七 男大迹天皇 繼體天皇 七年 夏 六月

163) 반파국(伴跛國) : 가야 북부, 지금의 고령지역에 있던 소국의 이름이다.

164) http://www.history.go.kr/url.jsp?ID=NIKH.DB-jm_001r_0130_0050 (검색일 : 2013년 11월 5일)

代 又卜書· 暦本· 種種薬物 可付送[165]

6월 내신을(이름이 빠져있다) 백제에 사신으로 보냈다. 그리고 좋은 말 2필, 동선 2척, 활 50장, 화살 50구를 주었다. 칙을 내려 "청한 군대는 왕이 바라는 바에 따르겠다"고 하고, 다른 칙을 내려 "의박사 · 역박사 · 역박사 등은 순번에 따라 교대시켜야 한다. 지금 위에 열거한 사람들은 바로 교대할 때가 되었으니 돌아오는 사신에 딸려보내 교대시키도록 하라. 또 복서(卜書) · 역본(曆本)과 여러 가지 약물도 보내라"고 하였다.[166]

이는 게타이(繼體) 천황 7년(513) 기사와 긴메이(欽明) 천황 14년(553) 기사이다. 일본은 백제에서 의박사(醫博士) · 역박사(易博士) · 역박사(曆博士)를 비롯하여 점복과 역법에 관한 책, 약물 등을 받아들였음을 알 수 있다. 악인(樂人)을 초빙하였다는 기록도 있다. 당시 야마토 조정이 백제와의 군사적 지원 대가로 대륙문화를 적극적으로 수용하였으며, 황족과 관인(官人)층의 지적 수준 향상에 노력했다[167]는 사실이 드러난다.

또한 이 시기에는 부족장과 왕의 권위를 상징하는 거대 무덤들이 건조되기 시작하여 일본 고분문화가 등장했다. 4세기를 전후해서 건조된 일본 특유의 전방후원분(前方後圓墳)이 전국적으로 나타나는데, 앞부분이 사각형이고 뒷부분이 원형인

165) 『日本書紀』 卷第十九 天國排開廣庭天皇 欽明天皇, 十四年 六月

166) http://www.history.go.kr/url.jsp?ID=NIKH.DB-jm_001r_0160_0450 (검색일 : 2013년 11월 5일)

167) 김장현, 상게서 p28

독특한 형태의 무덤이다. 미즈노 마사요시(水野正好)는 전방후원분을 죽은 왕의 장례식과 후계자 승계식이 동시에 거행되는 장소로 보았다. 여기서 이루어지는 의식을 천손강림신앙으로 해석하여, 새로운 수장의 강림의식이라고 보는 견해도 있다.[168] 죽은 왕이 땅에 묻혀 사라지는 것이 아니라, 새로운 왕으로 다시 강림해서 영생한다는 의미로 풀이한 것이다. 죽음을 새 생명의 부활로 여기는 원시 곡령신앙과 동일한 관념이다.

고분에서는 다양한 복식품, 장신구, 농기구, 주구(呪具) 등이 출토되었다. 전기 고분의 부장품에는 종교 주술에 관한 것이 많고 중·후기 부장품에는 실용품이 많다. 전기 부장품으로는 중국 수입품인 대형 청동거울과 이것을 일본이 모방하여 만든 방제경(倣製鏡)이 있다. 중국의 신이나 신비한 동물을 새긴 방격규구사신경(方格規矩四神鏡), 삼각연신수경(三角緣神獸鏡) 등도 있다. 그리고 경옥(硬玉)으로 만든 곡옥과 벽옥(碧玉)으로 만든 관옥(管玉), 그리고 중기 이후의 활석제품(滑石製品) 등이 많다. 이 부장품들은 장신구이면서 사악한 것으로부터 몸을 지켜주는 힘이 된다고 믿었다. 따라서 부족의 수장을 매장했다고 보는 큰 고분에는 거울, 구슬, 청동제와 철제, 금동제 등 대형 칼이 부장된 경우가 많다. 이 물건들은 보기(寶器)로서

168) 조재국, 상게서, p131

종교 주술적 의미를 지녔다. 거울과 구슬, 방울은 시베리아 샤먼들의 복장에도 반드시 패용하거나 의식에 사용하는 물건들로 가장 광범위하고 보편적인 무구이다. 일본 신화에도 여러 곳에 도쓰카노쓰루기(十握劍)[169]라는 칼과 창이 등장한다. 이자나기와 스사노오의 도쓰카노쓰루기와 『고사기(古事紀)』의 쓰무가리(都牟刈)라는 검은 신을 출현케 하고 국토를 이루어내고 괴물을 처치하기도 한다. 아마테라스는 손자 니니기에게 구사나기노쓰루기(草薙剣) 검을 비롯해서 야사카니노 마가타마 구슬(八坂瓊曲玉), 야타노 가가미 거울(八咫鏡) 등 세 가지 보물을 부여하였다. 이때 "마치 나를 보는 듯이 하고 같은 집에 모셔 놓고 살며 제를 올릴 때 쓰는 거울로 삼으라."라고 하였으니 제의에 사용하는 중요한 무구임을 알 수 있다.[170]

규슈 북부에는 무늬나 그림을 그린 장식 고분이 있다. 죽은 자의 영혼을 위로하고 진혼하기 위한 목적에서 그렸으리라 추측한다. 고분 주위에서는 동물, 집이나 도구, 인물 모양의 토용(土俑)이 발굴되었다. 군마현(群馬県) 후루우미(古海)에서 출토된 옷을 차려입고 걸터앉아 있는 여인상 토용은 신을 모시

169) 도쓰카노쓰루기(十握劍) : 일본 신화에 나오는 검. '十握剣', '十拳剣', '十掬剣' 등으로도 표기하며, '열 번 쥘 수 있는 칼'을 뜻한다. 손잡이 길이가 주먹 10개분에 해당하는 칼을 가리킨다. 스사노오가 야마타노 오로치를 쓰러트릴 때 쓴 칼로 유명하다.

170) 김영일, 『한국무속과 신화의 연구』, 세종출판사, 2005, P89~P90

사진14. 이세신궁(伊勢神宮)(출처: 네이버 두산백과)
5세기경 왜국을 거의 장악한 야마토 조정은 황조신(皇祖神)이자 태양신인 아마테라스를 이세신궁으로 옮겨와 천하를 비추는 천신의 제사로 비약시켰다. 천손강림신화의 등장이었다.

는 무녀였을 것으로 추정한다.[171)]

고분 축조 및 의례의 창출과 도검류 주조에는 한반도 도래계 씨족이 종사했다. 그들이 전한 대륙문명이 대왕권을 중심으로 집중되어 왕통 계보의 형성을 촉진시켰다. 전방후원분은 야마토 조정의 힘이 확대됨에 따라 일본 각지로 전파되었다. 5세기 제21대 유랴쿠(雄略) 천황에 이르러 야마토 조정이 왜국을 거의 장악하였다. 그러자 더 이상 중국에서 책봉 받을 필요가 없었으므로 조공을 중지하였다. 대왕권이 천하 전역에 걸

171) 무라카미 시게요시 외, 상게서, p24~p25

친 것이라는 의식이 생기면서, 대왕의 종교적 권위에도 변화가 일어난다. 야마토 조정은 아마테라스를 이세로 옮겨서 대왕이 독점적으로 제사지내는 단 하나의 태양신, 즉 천하를 비추는 천신의 제사로 비약시키고자 하였다.[172] 전방후원분의 등장과 더불어 천손강림신화가 새롭게 나타난 것이다.

### ③ 사이구 제도

야마토의 태양신인 아마테라스를 이세로 옮겨 제사지낼 때 제관을 맡았던 사이구(斎宮)의 존재를 살펴보자. 1세기를 전후로 한 제11대 스이닌(垂仁) 천황 때 황조신 아마테라스는 야마토히메노미코토(倭姫命)에게 탁선을 내려서 야마토에서 멀리 떨어진 이세산 다하라(田原)에 진좌한다. 대왕이 직접 거행했던 제사를 대왕가의 여성과 지역 호족들에게 위탁하여 분담시켰다는 뜻이다. 대왕의 마쓰리고토(政, 통치행위) 가운데 제사의 중요성이 약화되었다는 방증이다. 이때의 야마토히메노미코토가 사이구의 기원이다. 사이구 제도 이전에는 신정일치 사회였고 여성이 주로 제사를 담당했다. 더 거슬러 올라가서 히미코 전승에서 보았듯이 사이구의 원초적 형태는, 근친 남

172) 이노우에 노부타카, 상게서, p48~p49

녀 한 쌍이 왕권기능의 성(聖)과 속(俗)을 나누어 맡았던 것이라는 관점도 있다. 그런데 군사화를 강화한 대왕가의 초기단계에 여성 제사자가 떨어져 나가는 형태로 제정분리가 이루어진 것이다. 왕권에서 분리된 신기제사에 종사했던 무녀, 무격은 왕권을 지원하는 존재로 위축되었다. 결과적으로 여성 제사자의 역할을 대왕가의 씨족 내부 신에 대한 봉사자로 한정시킨 결과를 낳았다. 즉, 여성 제사자가 권력 중추에서 주변적 존재로 추방된 것이다.[173)]

『고사기』와 『일본서기』의 천손강림 신화들은 여러 지방의 마쓰리와 신화에서도 발견된다. 마쓰마에 다케시(松前健)는 지방 신화가 한반도 신화에서 영향을 받아 황실 신화로 변화했다고 주장하였다. 특히 부여계의 산상강림신화의 영향이 주효했다고 본다. 야요이 시대에 북아시아 유목민들의 천신신앙이 일본의 해변지방을 중심으로 전래되어 처음으로 지방 씨족의 수호신으로 숭배되었다. 후에 군주국가가 성립하자 건국신화로 체계화되었다는 견해가 일반적이라고 한다. 부족국가의 성립과정에서 여러 지방의 종교와 신앙이 복잡하고 다양한 형태로 교류하고 때로는 습합하였다는 사실을 방증한다.[174)]

---

173) 이노우에 노부타카, 상게서, p50~p52

174) 조재국, 상게서, p131~p132

### ④ 제사 유적과 민간신앙

고분과 함께 전국 800여 개소에 달하는 제사 유적을 통해서도 당시의 종교를 짐작해 볼 수 있다. 제사 유적은 4세기에서 6세기의 것들이 많다. 제사 유적으로 보이는 장소에는 산악이나 암석, 물 등에 신이 있다고 믿어서 제사를 지낸 흔적이 남아 있다. 그리고 제기(祭器)나 제물이 출토된다. 산 자체를 신으로 모신 제사 유적은 대표적으로 나라 현(奈良県)의 미와야마(三輪山) 산과 이소노가미(石上)의 갓 모양 언덕(오늘날 오미와신사(大神神社)의 신체산(神體山)), 후지산(富士山)과 후다라 산(二荒山) 등에서 찾을 수 있다. 암석 유적은 우뚝 솟은 크고 작은 바위나 선돌을 신체(神體)로 삼거나, 신을 부르는 반좌(盤座)나 반경(盤境)으로 삼아 제사 지낸 흔적을 말한다. 그리고 유적은 남아있지 않지만 전국 각지의 신목(神木)에 얽힌 전설을 통해 확인할 수 있다. 주요 교통로에 신을 모시는 경우도 있다. 나카노 현(長野県) 미사카토게(神坂峠) 고개와 같은 경계지의 제사 터가 대표적이다. 그밖에 생활과 농경에 중요한 요소인 물도 신으로 섬겨서 물가, 해변, 섬에서 해신(海神), 도신(島神)을 모신 유적이 있다. 해신 제사 유적으로는 후쿠오카 현(福岡県)의 오키노지마(沖之島) 섬이 유명하다. 오키노지마 섬은 한국을 오가는 해상 교통 요지이다. 4세기 후반에서 7, 8세기에 걸쳐 형성된 오키노지마 섬의 제사 유적에서는 거울 · 항아리 · 석제보기(石製寶器) · 유리그릇 · 금동제 공예품 · 마구(馬具) 등 고급품이 대량 출토되어 '바다의 정창원(正倉院)'이라고도 불린다. 대륙문화를 받아들이는 문호였던 오키노지마 섬에서는 수세기에 걸쳐 국가적인 큰 제사가 행해졌을 것으로 추측한다.[175] 그 제신(祭神)은 무나가타노가미(宗象神)[176]로서 원래 규슈(九州) 재지세력이 모신 신이었다. 규슈 세력은 해상교통에 힘입어 대륙과 교섭할 때 반드시 필요한 협력자였다. 그들의 신을 항해안전과 원정 성공을 기원하는 제사 대상으로 격상시켰다. 왜국 바깥에 펼쳐져있는 현해탄의 무인도에서 조정이 직접 관할하는 제사를 개시했던 것이다.[177]

이상과 같이 고분시대의 종교는 야요이 시대의 정령신앙, 조령신앙이 대륙 문화의 영향을 받아 더욱 복잡해졌다. 대륙의 분묘형태를 받아들인 결과, 전국 각지에 분묘가 만들어지고 일본 특유의 전방후원분이 등장하였다. 부장품은 전기에 주술적 무구와 제구가 많은 반면 중, 후기에는 실용품의 비중이 크다. 특히 지배자를 매장한 대형 고분에는 거울 및 구슬과 청동제 · 철제 · 금동제 대형 칼이 부장되는데 이는 보기(寶器)

---

175) 무라카미 시게요시, 상게서, P25~26

176) 무나가타노가미(宗象神): 스사노가 아마테라스를 찾아갔을 때 침략한 뜻이 없음을 밝혔던 서약의례 중 검에서 태어난 바다의 세 여신을 말한다.

177) 이노우에 노부타카, 상게서, p47

로서 수장의 샤먼적 성격을 상징하는 무구들이었다.

6세기에서 7세기에는 남쪽의 규슈에서 동쪽으로 이동하여 야마토(大和, 지금의 나라 현(奈良県))로 진출한 야마토 조정이 국토의 주요 지역을 지배하였다. 그들은 천신을 숭배하였다. 왕은 천신의 자손이며, 천신의 명령으로 나라를 다스리게 되었다는 천손강림신화를 체계화하였다. 야마토 조정의 천손 지배 관념은 북아시아에서 중국과 한국에 분포한 무왕(巫王) 개념과도 상통하며, 훗날 일본의 신도를 전개해 나가는 근간이 된다. 천손강림신화는 왕의 군사권을 강화시켰다. 한편 왕의 제사권은 따로 분리되어 여성 제사자에게 넘어가 사이구 제도로 정착되었다. 그 결과 신정일치 시대의 여성 무왕은 권력의 중심부에서 밀려나 남성 왕권의 보조자로 전락하였다.

### ⑤ 원시신도

일본 신도는 자연만물에 대한 정령숭배인 애니미즘적 신앙형태에 벼농사의 풍작 기원을 토대로 한 조령신앙이 습합하여 이루어진 다신교적 종교형태로 볼 수 있다. 특히 대규모 농경에 많은 노동력을 조직할 목적으로 조상숭배와 집단제사 및 씨족제사를 행하여 사회통합 기능을 도모하였다. 그러한 집단제사는 야요이 시대의 무수한 제사 유적을 통해서 확인할 수 있다. 이때 제사의 기본은 벼농사를 위한 것이 대부분이었다.

제의는 일정한 지역을 성역화하여 임시 제장을 만들고 야간에 신을 맞이하여 행하였다. 제장에는 신을 맞이하는 비쭈기나무를 세워 신대로 삼았는데 이를 '히모로기(神籬)'라고 부른다. 신은 특정한 암석에 내리기도 했다. 신이 내리면 토기에 많은 신찬(神饌)을 차리고 옥이나 돌, 금속으로 만든 기물, 옷 등의 폐백을 바쳤다. 이때 제의를 주관하는 제사(祭司)가 신에게 축사를 올리고, 사람들의 뜻이나 소원을 신에게 전달하였다. 벼의 풍작과 집단의 번영, 재액초복을 기원했다. 마지막으로 참가자 모두 신찬을 나눠 먹는 '나오라이(直会)'를 행하고 제사가 끝나면, 제기나 제구를 부수어 땅에 묻었다. 이는 제사 기간에만 신이 제장에 강림하고, 제사가 끝나면 왔던 곳으로 돌아간다는 믿음 때문이다. 돌이나 금줄로 성역을 표시할 뿐, 신을 위한 건물은 없었던 시기다.[178]

신도의 신격은 여러 가지 신이나 영 가운데에서도 토지신이 믿음의 중심이었다. 신은 눈에 보이지 않지만 무서운 힘을 지녔는데, 그 힘은 인간에게 해를 끼칠 수 있으나 인간이 억제할 대상이 아니라고 믿었다. 따라서 신의 기분을 다스려 인간을 위해 사용하도록 유도하려면 제의가 필요했던 것이다. 토지신은 풍작을 결정하는 농업신이며 집단의 존속과 번영을 이

178) 무라카미 시게요시, 상게서, p27~p28

루어주는 조상신이었다. 자연물의 신들 중에서는 세상 만물을 낳고 기를 수 있는 힘을 가진 무스비 신(産靈神)을 중시하였다. 그 외에도 완력, 지혜, 남녀 부부신 등이 있었다.

원시신도의 의례 가운데 신을 참배하기 전 죄스러운 부정(不淨)을 떼어내는 '하라이(祓)', 물에 들어가서 부정을 씻는 '미소기(禊)'와 같은 관념이 강했다. 이러한 관념은 일본 불교나 수험도에서 '미즈고리(水垢離)' 또는 '미즈교오(水行)'라고 부르는 '고리(垢離)'라는 말과 관련성을 찾을 수 있다. 여기서 '고리'는 한어에는 없는 순수 일본어로 보인다. 한국어 '푸닥거리'의 '거리'에서 유래했을 가능성이 있다는 견해도 있다.[179]

원시신도의 성격이라 하면 대체로 지연적이며 현세적이다. 현세를 최고, 최선의 것으로 보고 생을 찬미하는 소박한 낙천주의가 깔려있다. 이는 생성력이 신격화된 무스비, 생명력의 최대 근원인 아마테라스, 무스비의 덕을 체현하고, 만물을 낳은 이자나기 · 이자나미 두 신 등의 관념이 모두 현세의 생을 상징한다. 죽음과 사후 세계에 대한 관념은 지극히 애매모호한 점이나 내세에 대한 관심이 희박하다는 특징은, 고대 일본인의 현세중심주의를 역설적으로 강조한다. 그리고 혈통이나 가업의 지속성과 무궁함을 중시하였다. 마루야마 마사오(丸山眞男)는 이러한 관념이 '만세일계의 천황' 관념으로 이어진다

179) 김장현, 상게서, p22

고 하였으며, 무라오카 쓰네쓰구(村岡典嗣)의 주장에 따르면 자연숭배가 유력했던 원시신도가 황실 중심의 씨족제도로 통합 · 재편되어, 씨족의 조상 숭배적 성격으로 발전했다고 주장한다.[180)]

원시신도의 세계관, 타계관은 두 가지로 나뉜다. 하나는 신들이 사는 천계인 다카마노하라(高天原), 지상세계인 '나카쓰쿠니', 그리고 죽은 이가 사는 지하의 '요미노쿠니(黄泉国)'로 인식하는 삼계관이 있다. 다른 하나는 이 세상 외에 도코요(常世)가 있다고 하는 타계관이다. 도코요는 지하에 있다고 믿었다가 나중에는 바다 건너 저편에 있다는 믿음으로 변화하였다.[181)] '바다 저편'의 도코요에는 사후 세계, 신선경, 불로불사의 세계, 또는 곡령의 고향 등 여러 신앙과 관념이 중층적으로 투영되어 있다. 한편 죽은 이들이 사는 지하세계 요미노쿠니 또는 네노쿠니의 관념을 두고 원시신도의 세계관이 수평적 표상에서 수직적 표상으로 변화했다고 보는 견해가 있다. 쓰기타 마사키(次田真幸)는 요미노쿠니 또는 네노쿠니와 다카마가하라도 원래는 아시하라노나카쓰쿠니와 수평적 차원에 있다고 여겨졌으나 천황 신화 성립 과정에서 황조신의 고향인 다카마가하라가 천공에 놓이자, 요미노쿠니 또는 네노쿠니는 지하에 놓였고, '다카마가하라-나카쓰쿠니-요미노쿠니 ·

180) 김장현, 상게서, p23

181) 무라카미 시게요시, 상게서, p28~p29

네노쿠니'라는 수직적 · 입체적 구조로 변화했다고 주장한다. 이렇듯 원시신도의 타계관, 세계관은 사후 세계를 인정하지만 생전의 행실이 사후를 결정하다는 업보의식은 아직 나타나지 않은 단계였다.[182)]

### ⑥고신도

대륙의 영향을 받아 복잡하게 발달한 고분 시대의 종교는, 야마토 조정이 통일왕국을 건설하면서 새로운 단계로 접어들었다. 3세기 말경 각지의 수장들 가운데 야마토 조정이 대두하였고 5세기 후반에는 대왕, 즉 '오키미(大王)'의 위상이 확립되었다. 본래 미와야마(三輪山)의 토지신을 제사지냈던 야마토 조정은 점차 군신(軍神)을 모시게 되었다. 뒤이어 유일 태양신을 모시는 제사로 바뀌어 지역적 제사에서 벗어났다. 복속 지역의 제사권을 인정하면서도 그것을 조정에서 구축한 정치적 씨성(氏姓) 질서 안으로 편입시켜서, 각 지역의 신화 전승을 대왕가 계보를 축으로 재편성하거나 창작하였다. 7세기말에 중국에서 율령제도를 도입한 뒤 훨씬 강력한 중앙집권적 종교체계가 필요해지자 신기관(神祇官) 제도를 설치하였다. 이때 정

182) 우아미, 「신도(神道) 문화와 연중행사에 관한 연구」, 경희대학교 교육대학원 석사 학위논문, 2011, p22

비된 '신도'가 현재의 신도로 이어진다.

전국의 주요 신사들은 모두 국가 기관에 속한 관사(官社)로 변하였고, 국가적 제사에서는 천황의 통치권을 옹위하기 위한 천손강림과 초대 진무(神武) 천황의 즉위, 씨족들의 복속 전승 신화가 상징화되어 반복적으로 드러난다. 그리고 모계와 부계가 모두 관련된 씨족제도가 해체되어, 부계 씨족으로 재편됨으로써 우지가미 제사로 변화하였다. 촌락 차원의 제사 조직에도 구조적인 변화를 초래하였다. 이전에는 일정한 지역을 임시 제장으로 성역화하여 제사를 지냈으나, 율령제 이후 상설 신전인 신사(神社)가 빠르게 늘어났다.[183)]

천신지기에 대한 제사는 왕권 확립을 위한 의례이기도 했다. 7세기의 제40대 덴무 천황이 창출한 즉위 의례는 이것을 구체적으로 재현한 것이었다. 본래 야마토 조정에 전래되던 수확제를 발전시킨 대상제(大嘗祭)와 중국의 즉위 의례를 본뜬 세속적 즉위식을 결합한 의례였다. 둘 다 신기령 규정에 따라 거행되었는데, 특히 대상제는 천황이 직접 거행하는 가장 중요한 의식으로서 장기간에 걸쳐 금기를 지켜야 하는 대제사였다. 천황의 신비성을 강조하는 지극히 종교적인 색채의 의례이다. 대상제는 즉위 후 가장 먼저 행하는 신상제이기도 했다. 전국의 햇곡식을 먹음으로써 지배영역을 확인하는 상징

183) 이노우에 노부타카, 상게서, p33~p35

행위였다.[184)]

야마토국 내부의 즉위의례인 대상제와 달리 대외적 즉위 선포를 뜻하는 즉위의례에서는 천황의 직접적인 비의(秘儀) 행위가 나타나지 않는다. 군신의 대표로서 조정을 섬기는 나카토미(中臣)씨족이 천신의 영속을 축수하고 천황권의 표식인 거울과 검을 봉정한다. 이때 천황이 읊는 제문인 노리토(祝詞)와 동일한 문체로 쓰인 센묘(宣命)를 낭송한다. 여기에는 문무백관의 봉사와 충성에 대한 서약이 명시되어 있다. 이때 에조(蝦夷) 및 하야토(隼人) 등의 오랑캐와 외국 사절도 도열하였다.[185)]

율령제가 중국 제도를 모방한 것이라면, 신기관은 천황의 왕권을 국가제도로 명시하기 위해 창설한 일본의 독자적 제도였다. 명목상 태정관과 동등한 기관이었으나 독자적인 재량권이 없었으므로 태정관 지휘 아래에 있었다. 신기관 관원 및 신직(神職)들이 실무를 담당하였고, 궁정의 여성 신직인 미칸나기(神巫)도 신기관이 관장했다. 신기관 제도는 국가 안태와 직결된 천황의 영위를 보좌하고, 모든 제사권이 천황에게 귀속된다는 점을 보여주는 데 목적이 있었다. 모든 신직은 신기령에 의거해서 중앙관제로 편입되어 구체적인 규정에 따라야 했다. 제의에 관여하는 신직에 나카토미(中臣) · 인베(忌部) · 도자이노분히토베(東西文部) · 우라베(卜部)를 지정하여 각 역할을

184) 이노우에 노부타카, 상게서, p70
185) 이노우에 노부타카, 상게서, p72~p73

명기하였다. 세칙에는 사루메(猿女)가 진혼을 행한다거나 장속(裝束)을 관장하는 간베(神部)에 대한 규정도 있다. 이들을 신기씨족이라고 불렀다. 특히 사루메노키미(猿女君)의 조상신이 아메노우즈메는 스사노오의 폭거에 분노하여 동굴에 숨어버린 아마테라스를 밖으로 끌어내기 위해, 나체춤을 추어 신들의 향연을 연출한 바 있다.[186] 또 다른 여성 신직으로 미칸나기가 있다. 미칸나기는 본래 궁중에서 제사지내는 36신 중 23좌 신들을 섬기는 무녀였다. 천황의 친제 때 시중을 들고 궁정 안에서 이루어지는 제의에 봉사하였다. 신기백에 속하여 천황의 종교적 권위를 뒷받침하는 역할을 하였으나, 법률상으로는 관원도 아니고 후궁이나 여관도 아니었다. 상급관인 대우를 받으면서도 하급 직원처럼 간주되는 애매한 존재였다. 사루메씨가 진호의례 등의 전문적 지식과 기술을 갖고도 관료제도의 지휘 명령계통에서, 피지배적 입장에 놓였던 까닭에 점차 몰락해 갔다면, 미칸나기는 천황의 내밀한 영역에서 행해진 비공식적 궁정제사에 봉사하는 자로 한정되어, 중앙에서 배제되어 갔다.[187]

이상과 같이 율령체제 이전의 부족국가 단계에서는 부계 및 모계가 모두 관여하는 씨족집단을 기반으로, 여성이 씨족의 구성원이자 독립된 인격체로서 우지 경영에 참여하였다. 또한

186) 이노우에 노부타카, 상게서, p82~p83

187) 이노우에 노부타카, 상게서, p85

나라 시대까지만 해도 여성 천황이 존재했었다는 점에서, 여성 종교직능자가 일정한 권위를 보장받았다고 보인다. 그러나 미칸나기나 사루메와 같은 여성 종교직능자는 부계 계승제도로 인한, 우지가미의 재정립과 7세기 덴무 조의 율령제 실시 이후 중앙 권력 무대에서 소외되어 갔다는 사실을 알 수 있다.

### 4) 우지가미 신앙

부족국가가 등장하면서 지배층은 천신강림신앙을 국가이데올로기로 채택하였다. 씨족공동체 사이에서는 씨신, 즉 우지가미(氏神) 신앙이 크게 유행하였다. 농경사회에 의한 대가족 형성이 씨족중심의 가족제도로 굳어지면서, 종교의 기반이 되는 우지가미 신앙이 등장한 것이다.

우지가미라는 말은 7세기 말부터 9세기 초에 해당하는 나라시대(奈良時代) 말기에 나타나기 시작했다. 율령제 수립 이후에는 지역성(地域姓)과 씨족성(氏族姓)이 집단의 통합을 보증하는 요인으로 기능하였다.[188] 박규태는 우지가미를 중국적인 관료제 도입 이후 국가로서의 주체성을 보이기 위해, 지방신을 국가신으로 편입시켜 공적 존재로 만든 것이라고 보았다.

---

188) 조재국, 상게서, p132

그리고 이 신들을 현실의 천황통치와 연관시켜 재배치한 것이 바로 『일본서기』라고 하였다.[189)]

나라 시대에 수립된 부계상속의 원칙은 8세기에서 12세기 초에 걸친 헤이안 시대 때까지 사회조직 원리로 작용하였다. 그리하여 씨족 분열이 일어나고 관료계로의 출세 경쟁이 격화되자, 씨족이 재구성되었다. 뒤이어 부계친족집단에 의해 제사 지내는 새로운 의미의 우지가미가 등장했다. 그 주도세력이 후지와라씨(藤原氏)의 우지가미인 가스카사(春日社)였다. 가스카사는 710년 헤이조쿄(平城京) 천도 직후 교외에 있던 가무나비산(神奈備山) 신지(神地)에 가시마(鹿島)의 우뢰신 다케미카즈치노미코토(武甕槌命)를 모신 신사이다. 도성의 안전과 가계의 번영을 기원하기 위해서였다. 9세기에는 다른 씨족들도 우지(氏)가 제사 지내던 토지신앙을 토대로 하여 부계의 조상신을 같이 모심으로써 우지가미를 창출했다. 이 우지가미는 자손을 보호해주는 조상신으로 간주되었다. 뇌신(雷神)과 인간 여성의 신혼담에 의해 계보를 만들어간 가모사(賀茂社), 히라노사(平野社), 하치만사(八幡社), 히에사(日枝社)가 여기에 해당된다. 8세기 이후 9세기에 형성된 히메가미(姫神)와 미코가미(御子神)를 함께 제사지내는 가족 형태의 제신들도 두드러졌다.[190)]

189) 이노우에 노부타카, 상게서, p101
190) 이노우에 노부타카, 상게서, p105~p107

우지가미 신앙의 기반이었던 지역성이 약화되면서 우지가미와 조상신을 통합하여 수호신으로 숭배하였다. 그리하여 우지가미를 신앙하는 씨족의 범위가 혈통을 넘어 지역 전체로 확대되었다. 우지가미 제사는 국가 차원의 종교의식과 달리 자손과 지역주민을 수호하는 조상신을 위한 사적 종교의식으로 정착되었다.[191]

헤이안 시대에는 혈연관계와 상관없이 호족에게 종사하는 사람들까지 씨족의 일원으로 인정하여 '우지코(氏子)'라고 불렀다. 중세 이후에는 호족 주변에 거주하면서 우지가미 제사에 참석하는 마을사람까지, 우지코라 부르면서 지역성을 띠게 되었다. 우지가미 개념은 더욱 넓어져 지역과 마을공동체를 지켜주는 진호신, 우부스나가미(産土神)로 변모했다. 진호신이나 우부스나가미는 토지와 주민을 지키는 수호신이자 지역에서 태어난 사람들을 평생 지켜주는 지모신의 성격을 가진 토착신이다. 요컨대 일본의 신사는 지역호족의 우지가미 개념을 확장시켜서 수호신 신앙으로 변용하였다. 그것으로 마쓰리를 비롯한 결혼식, 성인식 등의 통과의례를 행하여 마을 사람들의 종교신앙적 요청을 수용하였던 것이다. 우지가미 신앙은 일본근대에 등장한 국가신도의 천황숭배와 연결되면서, 주변나라들까지 무리하게 우지코 개념에 포함시키게 된다.

---

191) 조재국, 상게서, p132

## (3) 불교 전래 이후의 종교습합

### 1) 일본의 불교 전래

일본에 불교가 체계적인 종교로서 공식 전래된 때는 서기 538년이다.[192] 불상 · 불경 · 불승이라는 삼보(三寶)가 전해지고 이것을 수용할 사찰을 건설했다는 점에서 공식적인 전래로 인정하는 것이다.[193] 고분에서 불보살상이 있는 '사불사수경(四佛四獸鏡)'을 출토한 뒤로는 이미 5세기경부터 도래인들 사이에서 불교가 신앙되었으리라는 견해도 있다. 6세기경 고대국가를 확립하는 과정에 불교를 본격적으로 수용하기 시작했다고 할 수 있다.

홍윤식은 일본의 불교 전래 과정을 크게 네 단계로 구분하

192) '522년설'은 『일본서기』 가운데 긴메이(欽明) 천황 13년(522)에 백제 성왕이 불상과 경전을 보냈다는 기사가 있으나, 이는 703년 당나라 의정(義淨)이 한역한 『금광명최승왕경(金光明最勝王經)』의 구절로 보아 신빙성이 의심된다. '538년설'은 『상궁성덕법왕제설(上宮聖德法王帝說)』과 『원흥사가람연기(元興寺伽藍緣起)』에 긴메이 천황 무오년(戊午年)에 백제 성명왕이 불교를 전하였다는 기록에 의거한 것이다. 긴메이 천황 치세에는 무오년이 없으므로 이 시기 가장 가까운 무오년인 538년을 특정한 것이다. ; 김장현, 상게서, p29

193) 洪潤植, 「古代日本仏教における韓国仏教の役割」, '第38回 日文研フォーラム' 발표문, 日本文化研究センター (http://www.nichibun.ac.jp/ja/), 1991, p1

였다. 1단계는 긴메이 천황 때 금동 불상과 깃발(幡), 경전 등이 백제로부터 전해진 때이다. 이때 일본인들은 부처(불상)를 새로 들어온 신으로 이해하여, '아타시쿠니노카미(蕃神, 이웃나라의 신)' 또는 '이마키노카미(今来神, 지금 온 신)', '불신(佛神)'으로 불렀다.[194] 이때 유력한 씨족들 사이에서 수용과 배척을 둘러싼 격한 논쟁이 벌어진다. 숭불파(崇佛派)인 소가씨(蘇我氏)는 도래민의 씨족과 결합하여 대륙문화 수용에 적극적인 입장에서서 부처 숭배를 주장하였다. 반면 배불파(排佛派)인 모노노베씨(物部氏)와 나카토미씨(中臣氏)는 외국 신(蕃神)인 부처를 숭배하면, 신기의 노여움을 살 것이라고 반대하였다. 소가씨는 군사, 형벌을 다루는 유력 씨족이었고 모노노베씨와 나카토미씨는 조정의 신사, 제사를 모시는 씨족이었던 까닭이다. 이때 천황이 불상을 소가노 이나메(蘇我稲目)에게 주어 이나메는 자기 집을 절로 삼아서 불상을 안치하였다. 하지만 곧 전염병이 유행하자 배불파인 모노노베노 모리야(物部守屋)와 나카토미노가쓰미(中臣勝海)가 천황에게 불법 숭배 금지 조칙을 받아낸다. 그리고는 몸소 개인 사원을 불태우고 불상을 나니와(難波)에 있는 호리에(堀江) 강에 던져버렸다. 이 단계에서는 불교가 지극히 개인적인 차원에서 신앙되었고, 불교 숭배에 대한 천황의 태도도 중립적이었다고 보인다.[195]

194) 김장현, 상게서, p29
195) 무라카미 시게요시 외, 상게서, p38

2단계는 이전의 개인 신앙에서 공적 신앙으로 변화하는 단계이다. 전염병이 진정되지 않아 비다쓰(敏達) 천황 13년(584), 가후카씨(鹿深氏)가 백제에서 미륵석상 1구를 가져와 소가노 우마코의 집 입구에 봉안하게 하였다.[196] 587년에 벌어진 숭불파와 배불파의 싸움에서 소가씨 중심의 숭불파가 승리하여, 소가씨가 지원했던 스이코 천황(推古天皇)이 즉위하였다. 불교 수용에 저항했던 세력은 사라졌다.[197] 비다쓰 천황 14년(585) 2월 15일, 석가 열반일을 기념해서 소가노 우마코의 근거지인 도미우라(富浦)에 일본 최초의 탑을 조영하기 시작했다. 백제 위덕왕(威德王)이 비다쓰 천황 6년(577)에 승려와 조불공(造佛工) · 조사공(造寺工)을 보냈다고 한 점으로 미루어볼 때, 백제의 승려와 기술자들 손으로 첫 탑이 만들어졌다고 이해할 수 있다. 이때 백제의 건축기술을 동원해서 지은 절이 호코지(興法寺)이다. 일본 최초의 본격적인 절로서 금당과 탑을 갖춘 대가람이었다. 587년에는 도래인이자 불교 신자였던 사마달등(司馬達等)의 딸이 출가하여 젠신니(善信尼)라는 이름을 얻었다. 일본 최초의 출가자였다. 젠신니는 이듬해 백제로 건너가서 불교 계법을 익혔다. 귀국한 뒤에는 몇 사람의 남녀를 출가시켰다고 한다.[198] 2단계에서 불교는 개인적 차원의 신앙이 공적

196) 洪潤植, 상게서, p2
197) 김장현, 상게서, p30
198) 무라카미 시게요시 외, 상게서, p38

차원의 신앙으로 도약하였다. 불상과 불경이 전래되고 가람이 조성되었으며 불교 의례를 행하는 승려, 비구니도 출현하였다. 이 시기에는 호족세력이 주도하여 불교 사회를 구축한 때였으므로, 비다쓰 천황은 호족 세력에 의한 불교 사회화에 위기감을 느꼈다. 그리하여 소가노 우마코 세력이 부처를 모시는 것이 전염병에 해롭다는 명목을 내세워, 파불(破佛) 행위를 감행하였다. 불상과 불전 등을 파괴하고, 젠신니 등 비구니를 환속시켰다.

3단계는 적당히 불상과 불경을 봉안하는 형식적인 불교가 아니었다. 전통적인 불교 계법에 따라 수행한 승려가 기원행위를 행해야 한다는 승보신앙(僧寶信仰)으로 발전한 단계였다.[199] 소가노 우마코가 발병하여 비다쓰 천황에게 불교에 귀의할 것을 발원하자, 비다쓰 천황은 소가노 우마코에 한해서 봉불을 허가하였다. 우마코는 젠신니 등에게 미륵상을 공양하게 하여 병이 나았다. 그 후 정통 계법을 계승한 승려의 필요성을 절감하였다. 요메이(用明) 천황 2년(587) 일본을 방문한 백제 사신에게 발원하여 백제 사신에게서 백제 승려의 수계법을 배웠다.[200] 불교의 정통적 수계를 위해서는 우선 호시

---

199) 洪潤植, 상게서, p3

200)『日本書紀』卷第廿一 橘豊日天皇 用明天皇, 泊瀨部天皇 崇峻天皇 二年 六月, "(崇峻天皇 卽位前紀, 用明天皇二年六月) 甲子 善信阿尼等 謂大臣日 出家之途 以戒爲本 願向百濟 學受戒法"

지(法師寺)를 짓고, 백제에서 계사의 자격을 가진 승려를 초청해야 했다. 소가노 우마코는 스슌(崇峻) 천황 원년(588) 백제에 요청하여 승려와 조사공, 노반공, 장공, 회화공인 등의 호시지 건립에 필요한 요인(要人)을 불러들였다. 이때 수계를 받기 위해 백제로 건너간 젠신니 등 20명이 일본 최초의 백제 유학승이었다. 스슌(崇峻) 천황 3년(590) 백제에 가서 수계를 받은 젠신니 등 5명의 비구승이 귀국하여, 비구니 절로 이용하기 위해 조영중이던 사쿠라이지(桜井寺), 후에 도미우라지(富浦寺)에 머물렀다. 588년에는 백제에서 건너온 승려 6명이 호시지 건립 예정지에 임시 승방을 두어 기거했다.[201)]

4단계는 불법을 수계하기 위해서 무엇보다도 계를 받은 승려가, 승보(僧寶)로서의 역할을 수행할 때 필요한 호시지 건립이 계속되는 단계였다. 호시지는 지금의 아스카지(飛鳥寺)에 해당한다. 1956년부터 1957년에 걸친 발굴조사에 따르면, 아스카지는 탑을 중심에 두고 동, 서, 북쪽에 3금당이 배치되어 있고, 주위에 회랑이 서고 탑 정면에 중문이 있었다. 그리고 중금당 북쪽에서 강당지가 발견되었다. 이는 1탑3금당 가람 배치로서 고구려 금강사로 비정되는 한국 평안남도 청암리 폐사지의 가람배치와 동일 계열로 추정한다. 그리고 호시지 폐사지에서는 백제 와당과 동일 계열의 와당이 발견되기도

---

201) 洪潤植, 상게서, p4

했다. 한편 아스카지를 완공한 뒤 고구려 승려 혜자(惠慈)와 백제 승려 혜총(惠總), 두 법사를 맞아들여 도래인 구라쓰쿠리노도리, 즉 안작지리(鞍作止利)에 의해서 중금당 좌불 석가금동상이 조영되었다고 한다. 아스카지의 건립은 고구려, 백제의 종교적, 기술적 지원 없이는 불가능한 일이었음을 알 수 있다. 훗날 아스카지의 경영에도 혜자와 혜총 등 고구려와 백제승의 지도를 필요로 하였다.[202)]

이상에서 살펴본 바와 같이 일본의 불교 전래 초기에는 주로 선조공양 · 질병치유 · 기우 등 현세이익적이고 주술적인 종교로 수용되었다. 부처는 번신(蕃神), 불신(佛神), 이웃나라의 객신(客神), 타국신, 대당신(大唐神) 등으로 불렸던 점으로 보아, 신기(神祇)와 비슷한 종류의 신으로 여겼던 듯하다. 김장현은 이 시기의 불교가 원시신도의 신과 별다른 차이 없이, 연합체로서의 국가 수호신으로 모셔진 씨족불교였다고 보았다. 씨족불교라 할지라도 불교의 의례와 사상 · 신앙은 고대 일본인에게 죽은 사람의 영혼에 대한 의식과 관심을 증대시켜서, 조상숭배와 어령신앙(御靈信仰)의 형태로 나타났다고 하였다. 조상숭배와 어령신앙의 요소는 본디 중국과 한반도 불교의 속성이다. 부모나 조령을 공양하고 도현(倒懸)의 고통에서 구하

202) 洪潤植, 상게서, p4~p5

는 불사인 우란분(盂蘭盆)의 어원이, 수호령 또는 조령을 의미한다는 점을 들어 추정하였다.[203] 일본의 초기 불교는 도래계 호족의 사적 불교에서 시작하여 호족의 신앙적 기반으로 성장하였다는 특징을 갖는다. 이는 유력 호족인 소가노 우마코가 일본에서 최초로 불교를 수용하여 아스카지를 세웠던 점, 그리고 아스카지가 고대 한국계 도래인이 촌주(村主)로 있던 도래인 영유지에 세워졌다는 점으로 짐작할 수 있다. 아스카지가 들어선 마가미가하라(眞神原)가 오랜 옛날부터 현지인들의 느티나무 숭배 성지였다. 따라서 아스카지 창건 후 그곳의 무녀는 비구승으로 전환되었을 것이다. 현지인들의 토착신앙지에 불교 사찰이 건립되는 형태는, 백제에서 소도신앙(蘇塗信仰)의 기반 위에 불교를 수용했던 경우나, 신라에서 천경림(天鏡林)에 지은 흥륜사(興輪寺)와 신유림(神遊林)에 건립한 사천왕사(四天王寺)의 사례와 유사하다.[204] 그러므로 고대 한국계 신을 모시던 성지에 지어진 아스카지는, 소가씨 중심의 호족을 위한 사사(私寺)적 성격을 가졌던 게 분명하다. 아스카지 창건 이후 소가씨의 지원을 받은 유력 호족들이 사적 사찰을 건립하였으며, 그 수가 46곳에 달했다고 한다. 당시 스이코 천황이 내린 '불교 흥륭의 조칙'에 힘입어 창건된 씨족사찰, 즉 우지데라(氏寺)에는 고세씨(巨勢氏)의 고세데라(巨勢寺), 가쓰라기씨(葛

203) 김장현, 상게서, p41
204) 洪潤植, 상게서, p5

城氏)의 가쓰라기데라(葛城寺), 기씨(紀氏)의 기데라(紀寺), 하타씨(秦氏)의 호코지(法興寺=廣隆寺), 후지와라씨(藤原氏)의 야마시나데라(山階寺=興福寺) 등이 있었다.[205] 이렇듯 유력 호족이 창건한 여타의 사적 사찰들을 통해 고구려와 신라의 불교를 수용하여 새로운 불교문화의 발전을 도모하였다.

## 2) 아스카 시대의 불교

### ① 호족불교

사적 사찰 성격의 초기 불교가 국가와 국민의 안녕을 기원하는 공적 사찰인 관사(官寺)로 변모하기까지 반세기 이상의 오랜 시간이 걸렸다. 645년 나카노오에 황자(中大兄皇子, 제38대 덴지(天智) 천황)가 소가노 이루카를 제거하여 소가씨 일족이 멸망하고, 다이카 개신(大化改新)이 시행됨에 따라 국가 권력이 강화된다. 이때 아스카지는 새로운 아스카지 창건 연기(緣起)를 창작하여 황실과의 관계를 심화함으로써 관사적 성격의 사원으로 변모해갔다. 창립자인 소가노 우마코와의 관계는 희석되었고 아스카지 창립에 천황이 관여한 듯 보이도록 개작되

205) 김장현, 상게서, p41

었다. 본래 소가노 우마코는 자기 개인을 위해 창사(創寺)한 것을 분명히 하였다. 그 다음에는 천황을 위해 사찰을 건립하는 발원의 주체자로 변모한다. 여기서 다시 스이코 천황이 발원자로 나서서 우마코와 쇼토쿠 태자에게 명하여 사찰을 건립하게 했다는 내용으로 바뀐다. 마지막에는 우마코의 이름은 전혀 보이지 않고, 스이코 천황의 칙원(勅願)에 따라 사찰과 불상이 조성되었다는 식으로 변하였다.[206] 이러한 과정을 통해 유력 씨족의 우지데라(氏寺)를 중심으로 국가 불교가 전개된다. 17조의 헌법에는 제2조에서 '독삼보(篤三寶)'라 하여 불, 법, 승을 극진히 여길 것을 명시하였다. 국가 시설로서 사원이 건립되고, 승니(僧尼)는 공적 신분인 승계(僧階)를 받았다. 중국과 한국에 다녀온 유학승들은 대륙의 선진문화를 일본에 전래하였다. 한편 부처에게 진호국가의 힘이 있다고 믿어 불교를 일으키는 데 막대한 부를 쏟아 넣었다. 그리하여 이른바 아스카문화(飛鳥文化)라는 일본 최초의 불교문화가 꽃피었다. 아스카문화를 주도했던 쇼토쿠 태자를 석가나 관음이 환생한 '화국교주(和國教主)'로 신격화하여 모시는 쇼토쿠태자신앙도 확산되었다.[207]

아스카지는 국가불교의 성격이 강화됨에 따라 덴무 9년(680)에 국가적 관사인 다이칸다이지(大官大寺)의 하나로 편입

206) 洪潤植, 상게서, p6~7

207) 무라카미 시게요시 외, 상게서, p39~40

된다. 이 시기의 대표적 사찰인 시텐노지(四天王寺), 고류지(廣隆寺), 호류지는 쇼토쿠태자신앙과 신라불교와의 관계를 엿볼 수 있는 중요한 열쇠이다. 호류지는 도래인 하타노 가와카쓰(秦河勝)가 창건했다고 전한다. 쇼토쿠 태자가 고류지의 가와카쓰, 시텐노지의 나니와 기시(難波吉士)[208] 등과 결합한 것은 불교를 통해서였다. 불교를 매개로 쇼토쿠 태자의 지지자가 서서히 증가하였다는 점에서, 쇼토쿠 태자와 신라불교의 긴밀한 관계를 가늠할 수 있다. 실제로 6, 7세기에 걸쳐 신라는 일본에 불상 등 불교문물을 전하였는데, 『일본서기』에 진평왕(眞平王) 원년(579), 진평왕 38년(616), 진평왕 45년(623), 신문왕(神文王) 8년(688), 신문왕 9년(689) 등 비다쓰 천황 때부터 스이코 천황, 지토(持統) 천황 때까지 다수의 기록이 남아있다. 이 가운데 불상의 봉안장소라고 하는 '가도노하타데라(葛野奏寺)'는 지금의 교토 시 오하타(大秦)에 있는 고류지(廣隆寺)인데, 이곳에 한국 국보 83호 미륵반가사유상과 완전히 동일한 형태의 미륵상이 안치되어 있어서 한국과의 관계를 짐작하게 한다.

전래 초기 불교가 소가씨와 아스카지를 중심으로 한 백제불교였다면, 이후에는 신라의 영향력이 강하게 미쳤다. 호족으로 추정되는 하타노 가와카쓰가 사찰 건립에 직접 관여하였다. 그리고 신라 진평왕이 보내온 금탑, 사리, 관정번(灌頂

208) 기시(吉士) : '吉師'라고도 표기하며 신라에도 동일한 관직명이 있다는 점에서 6세기 경 신라계 도래인으로 추정한다.

사진15. 아스카지(飛鳥寺). 596년 일본 아스카 시대의 유력 호족인 소가노 우마코(蘇我馬子)가 발원하여 창건한 일본 최고(最古)의 사찰이다. 1탑3금당 양식으로 백제와 고구려의 기술로 지어졌다. 사적불교에서 변화하여 국가불교의 성격이 강화됨에 따라 덴무 9년(680)에 국가적 관사인 다이칸다이지(大官大寺)의 하나로 편입되었다.

幡) 등은 나니와의 시텐노지(四天王寺)에 헌상되는 등 신라불교를 적극적으로 수용하였다. 이는 신라와 일본이 미륵신앙을 중심으로 불교문화의 새로운 교류관계를 형성하였기 때문이다. 미륵신앙은 미륵이 성불하여 도솔천으로 왕생하는 것이 목적인 상생신앙(上生信仰)이다. 신라불교는 미륵반가상을 조성하고, 팔관제계(八關諸戒) 등의 계율을 중시하는 상생신앙이었다. 신라의 미륵신앙은 미륵과 동일시되는 화랑과 반가사유상에 대한 신앙형태로 변화했다는 특징이 있다. 다무라 엔초(田村圓澄)는, 신라에서 미륵반가사유상을 화랑으로 숭배하였다면, 일본에서는 반가상신앙이 쇼토쿠 태자에 대한 형태로 숭배되었다고 지적하였다. 그는 아스카지의 다른 명칭인 호코지(法興寺)라는 이름을 통해 추론했다. 우선 법흥(法興)의 일본식 발음인 '호코'라는 연호가 '불법흥륭(佛法興隆)'에서 유래했다는 점과, 법왕을 일본의 석가인 쇼토쿠 태자와 연관지어야 호코 연호의 의미가 살아난다는 점, 그리고 석가가 19세에 출가 · 입산하였다는 사실에 비추어볼 때, 쇼토쿠 태자 19세 때는 스슌 천황 4년이므로 호코 원년에 해당한다는 점을 근거로 들었다. 결론적으로 호코 연호는 쇼토쿠 태자 신앙이 형성되어가는 중에 태자를 일본의 석가로 신봉하는 단계에서, 호코지 승려들이 사용한 것이라고 주장하였다. 호코 원년에 대한 자료는 이요(伊予)온천유래비문인 '이요노오카비문(伊予温岡碑文)'과 '호코지금동석가상광배명(法興寺金銅釋迦像光背銘)' 등 두 가지가 있다. 모두 쇼토쿠 태자를 중심에 둔 것으로 태자를 법왕, 대왕, 법황이라고 부른 것이 우연이 아니라고 기록되어 있다. 이에 대해 홍윤식은 '쇼토쿠 태자 = 석가'라는 관념을 신라 선덕여왕 이후에 전개된 '신라왕 = 석가불'이라는 발상과 같은 맥락으로 파악하였다.[209)]

209) 洪潤植, 상게서, p11~p12

## ② 쇼토쿠태자신앙

쇼토쿠태자신앙은 호류지(法隆寺)가 소실된 670년을 경계로 크게 변화한다. 아스카 시대의 국가적 관사로 이행한 것이다. 이는 개인숭배단계의 쇼토쿠태자신앙이 일본 전역에서 공적 신앙의 대상으로 변모하였음을 뜻한다. 앞서 보았듯이 일본 불교가 일대 전환을 맞이하기까지는 신라불교가 깊이 관여하였다.

한편 아스카 시대의 무녀에 관한 기록은 누가타노오키미(額田王)를 들 수 있다. 텐무 천황의 비(妃)였을 것으로 추정되는 인물이다. 오리구치 노부오(折口信夫)는 '가가미노오키미(鏡王女)'를 집안에서 궁정에 무녀로 바친 여성이었을 것으로 추정하였다. 가가미노오키미 집안은 단바(丹波)의 호족인 단바노미치누시(丹波道主)라는 왕가에서 갈라져 나왔다. 대대로 '기미(왕)'라고 불렸고, 가가미야마 산신에게 봉사하고 비와코(琵琶湖) 호수를 관리하는 집안이었다고 한다. 사쿠라이 도쿠다로는 누가타노오키마라 오미 지역의 태양신 신앙지인 영산(靈山) 가가미야마 산을 제사하는 가가미노오키미 집안의 딸이었다는 점에서, '태양의 아들'인 천황을 위한 무녀이자 신처(神妻)였을 것으로 해석했다. 오아메히토(大海人) 황자가 원복(原服), 즉 성인식을 치렀을 때 동침했던 여성이다. 가가미노오키미 집안은 신라계 도래왕족으로 보인다. 오늘날의 시가 현(滋賀縣) 가모 군(蒲生郡) 다니오 초(竜王町)에는 신라계 왕자인 아메노히보코(天日槍)[210]를 신으로 모신 가가미신사(鏡神社)가 있다.[211]

### 3) 나라 시대의 불교

#### ① 진호불교와 관사화

710년 헤이조쿄(平城京)로 도읍을 옮긴 이후 강력한 율령제 국가를 수립한 나라 시대에는 불교의 유력 종파가 등장하였다. 중국 승려 도선(道璿)과 신라 승려 심상(審詳)이 설법하여 화엄종(華嚴宗)이 전해졌다. 754년 중국에서 감진(鑑眞)이 와서 율종(律宗)을 전하였다. 그 밖에 법상종(法相宗), 삼론종(三論

---

210) 아메노히보코노미코토(天日槍命) : 신라계 왕자로서 일본에 귀화한 인물로 알려져 있다. 『일본서기』 스이닌 천황 3년 봄에 아메노히보코가 하후토의 구슬 한 개, 아시타카의 구슬 한 개, 우카카의 붉은 구슬 한 개, 이즈시의 단도 한 개, 이즈시의 창 한 개, 히노카가미 거울 한 개, 곰 신단 한 구까지 모두 일곱 가지를 갖고 돌아와서 다지마국에 헌납하니 오랫동안 신물로 삼았다는 기록이 있다.

『日本書紀』 巻第六 活目入彦五十狹茅天皇 垂仁天皇, "三年春三月、新羅王子天日槍來歸焉。將來物、羽太玉一箇、足高玉一箇、鵜鹿々赤石玉一箇、出石小刀一口、出石桙一枝、日鏡一面、熊神籬一具、并七物。則藏于但馬國、常爲神物也"

211) 向井毬夫, 『紫のほへる妹 額田王の実像』, 集英社, 東京, 1997, p19

宗), 구사종(俱舍宗), 성실종(成實宗) 등 6종이 모두 번성하였으므로 남도육종(南道六宗)이라고 불렀다. 이 육종은 독자적인 불교 교학의 학파였다. 대개는 한 승려가 여러 종의 가르침을 겸학하였다.[212] 앞에서 살펴본 바와 같이 불교 전래 이후 야마토 조정은 호족 권력의 신앙적 기반을 효율적으로 해체하고, 야마토 조정의 정치적 지배를 보완하는 장치로써 사원을 관사화(官社化)하였다. 아스카 지방에 있던 겐코지(元興寺, 본래 호코지), 다이안지(大安寺, 본래 다이칸다이지), 야쿠시지(藥師寺) 등 대형 사찰을 옮겨왔다. 그리고 각지에 분포한 대형 사찰에 사전(寺田)과 사유민(私有民)을 주었으며, 승니(僧尼)는 국가가 정한 공적 신분을 갖고 승니령(僧尼令) 규정에 따라야 했다. 사적으로 출가 득도한 사도승(私道僧)이나 무허가 사찰은 엄격히 금지되었다.[213]

742년 쇼무(聖武) 천황이 고쿠분지(国分寺)와 고쿠분니지(國分尼寺) 설립을 명하여 고대 불교국가로서 최전성기를 맞이하였다. 여기에는 쇼무 천황의 국난극복 의지가 반영되어 있었다. 당시 정권의 실세였던 후지와라씨(藤原氏)와 그 반대세력인 여러 유력 씨족 사이에 격렬한 권력투쟁이 벌어졌다. 정국이 혼란에 빠지자 5년 간 세 차례에 걸쳐 도읍을 옮겨야 했고, 전염병이 유행하는 등 민심이 흉흉하였다. 신라와의 관계

212) 무라카미 시게요시 외, 상게서, p41
213) 무라카미 시게요시 외, 상게서, p41

가 험악하여 외교적으로도 위기였으므로, 쇼무 천황은 나라를 태평하게 하고 민심을 안정시키고자 불교를 거국적으로 일으켰던 것이다.[214]

이러한 배경에서 쇼무 천황이 발원하여 745년부터 전국의 고쿠분지를 총괄하는 도다이지(東大寺) 조성에 들어갔다. 도다이지 본존불은 거대한 비로자나불이었다. 비로자나불은 화엄종의 본존으로서 만물을 비추는 우주적 존재인 태양을 나타내는데, 그 지혜가 광대무변하여 전 세계를 비춘다고 한다. 비로자나불의 광대무변한 능력에 국가 진호를 기대한 것이다. 국가불교의 번영은 부작용을 초래했다. 겐보(玄昉)나 도쿄(道鏡)처럼 정계에 진출하여 권세를 부린 승려가 나타나기도 했다.[215]

### ② 교키와 민중불교운동

국가 진호를 위해 숭상되었던 나라 시대의 불교는 민중의 생활 속으로 뿌리를 내렸다. 대표적으로 교키(行基)는 민중에 바탕을 두고 불교 운동을 조직했다. 교키는 오사카 남부에 위치한 이즈미국(和泉國)의 호족 출신이었다. 37세 때 낙향하여 도량을 열고 깊은 산에서 수행한 뒤 수도 주변 지역인 기나이

214) 무라카미 시게요시 외, 상게서, p42
215) 무라카미 시게요시 외, 상게서, p44

(畿內) 지방을 중심으로 포교활동을 벌였다. 공납과 노역에 허덕이는 농민 생활을 돕기 위하여 연못을 파고 다리를 놓았으며, 용수를 만들어 농사를 지도하는 등 그의 전설적인 활약상은 일본 전역에서 그 흔적을 찾을 수 있다.

교키의 제자들은 대부분 사도승(私度僧)이나 주술사 등 국가불교의 통제 밖에 있던 민간 종교자들이었다. 속세에 있는 불교자라는 뜻에서 남자는 '우바소쿠(優婆塞)', 여자는 '우바이(優婆夷)'라고 불렀다. 사물의 이치를 잘 안다고 하여 '히지리(日知 또는 聖)'라고도 칭했다. 이들 집단은 물건을 구걸하고 사람들을 현혹시킨다는 명목으로 탄압받았으나, 민중 생활에 밀착하여 민중의 절실한 소원에 답하는 새로운 불교 담당자였다. 교키의 민중불교운동은 점차 확대되어 조정에서도 무시하기 힘든 세력을 형성하였다. 745년 조정에서는 그를 일본 최초의 대승정(代僧正)에 임명하였다. 교키는 민중 구제에 일생을 바친 승려로 기려져 교키보살로 숭앙되었다.

거국적으로 확산되었던 불교와 달리 기존의 토착종교는 탄압을 받았다. 7세기 말부터 8세기에 걸쳐 활약했던 전설적인 산악 수행자 엔노오즈누(役小角)도 699년 이즈(伊豆)로 유배당하였다는 기록이 있다. 엔노오즈누는 수험도(修驗道)의 개조로 추앙받은 인물로서 '신변대보살(神變大菩薩)'이라고 불렸던 7세기 나라 시대의 대표적인 주술사였다. 엔노오즈누는 나라불교와 도교, 그리고 토착신앙과의 관계를 종합적으로 보여준다.

그의 출신지가 도래계 소가씨의 본거지인 가쓰라기 지역이라는 점이나, 당시 가쓰라기의 고구지(高宮寺)에는 백제 승려로 선인(仙人)이라고 알려진 원각(願覺)에 대한 사연이 깃든 곳이었다는 점에서, 도교와 습합한 한반도 불교의 영향을 크게 받았으리라 짐작한다.

그는 '공작왕주법(孔雀王呪法)'이라는 주금(呪禁)을 써서 귀신을 부렸다고 한다. 공작왕주법은 '공작경(孔雀經)'이라는 불교 경전에 기초하며, 이는 불교와 도교가 융합과 습합을 거쳐 이루어진 것으로 추정한다. 그리고 선약(仙藥)에 조예가 깊은 백제 승려 법장에게 사사했다는 점과, 신라에서 만난 도조(道照)에게서 법화경 신앙의 영향을 크게 받았다는 점은, 그의 주금이 한반도의 도불습합형 신앙에 기초하였음을 시사한다. 나아가 고대 일본의 민간도교가 전문 도사가 아닌, 한반도에서 이미 완성된 도불습합을 통해 전래된 것임을 알 수 있다. 다이초(太澄), 도란니(都藍尼), 교다이화상(教待和尙), 고보대사(弘法大師), 지카쿠대사(慈覺大師) 등은 모두 승려이거나 도불습합을 체현한 사람들로서 이를 증명해준다.[216)]

나라 시대에는 정치혼란과 전염병 창궐로 인한 민심이반 등의 국난을 타개하기 위하여, 쇼무 천황 때의 도다이지 대불 조성과 같은 거국적인 불사(佛事)가 일어났다. 다른 한편에서는

216) 이광래, 상게서, p194~196

민중의 어려움을 해결하기 위해 앞장섰던 교키의 민중불교운동이 확산되기도 하였다. 국가 차원에서 관리하는 관사(官寺)와 별개로 한반도에서 전래된 도불습합형 신앙에 일본적 토착신앙이 결합하여, 엔노오즈누와 같은 산악수행자가 등장하기도 하였다.

### 4) 헤이안 시대의 불교

#### ① 일본적 불교의 등장

794년 간무 천황(桓武天皇)이 헤이안쿄(平安京)로 천도한 이후 헤이안 초기인 9세기에는, 앞 시기의 남도육종 대신 천태종과 진언종이 등장하여 국가불교로 발전하였다. 천태종과 진언종은 모두 한반도 도래승이나 당나라와 신라 유학승을 통해 그 교리가 전해졌다. 구카이(空海)는 당나라에서 밀교를 익혀 일본에서 진언종을 창시했고, 사이초(最澄) 역시 당나라에서 유학하여 천태교학을 기초로 삼아 일본 천태종을 열었다. 이들은 남도육종을 포섭하는 한편 조정 및 귀족들과 밀접한 관계를 맺었다. 외형적으로는 찬란한 조각이나 건축 등 조형미술과 종합예술적인 법회로 민심을 사로잡았다. 내면적으로는 불교적 무상관을 침투시켜서 헤이안 시대 왕조문학의 주된 정서를 가리키는 말인 '모노노아하레'[217]의 바탕을 마련하였다. 천태종이나 진언종은 불교의 모든 교리를 망라하여 종합하려고 시도하였다. 구카이는 진언종을 최고위에 두고 10단계의 사상체계 속에 포함시켰다. 사이초는 법화경을 중심으로 불교의 모든 교리를 체계화하였다. 진언종이나 천태종은 모두 밀교가 되었다. 진언밀교는 대일여래(大日如來)를 본존으로 삼았다. 천태밀교는 법화경에서 설하는 구원실성(久遠實成)의 석가모니불을 본존으로 삼았다. 두 종파는 신도에 대해 융화적인 태도를 취하고, 본지수적설에 기초해서 각기 독특한 습합신도를 낳았다. 이후 진언종의 영향을 받은 료부신도(両部神道)와 천태종의 영향을 받은 산노신도(山王神道)가 등장했다.[218]

밀교는 6~7세기경 인도에서 대승불교 최후의 흐름으로 성립된 교파로서 금강승(金剛乘)이라고도 불렀다. 인도 고래의 신에 대한 신앙과 주술, 기도를 적극적으로 수용하여 대일불(大日佛)을 우주의 근본 부처로 삼았다. 모든 불보살과 신들은 대일불에서 나왔다고 여겼다. 대일불은 최고의 지(智)와 이(理)를 갖추었고 지의 세계인 금강계와 이의 세계인 태장계를 이룬다고 한다. 그것을 그림으로 나타낸 것이 만다라(曼荼羅)

217) 모노노아하레 : '때때로 눈으로 보고 귀로 듣는 사물에 촉발되어서 일어나는, 말로 다 할 수 없는 정감'을 일컫는 문학적 용어이다.

218) 김장현, 상게서, p47~p48

이다. 진언종이 확산되고 천태종이 밀교로 변함에 따라 밀교의 신들은 현세이익에 부응하는 신들로 신앙되었다. 밀교에서 수호신으로 수용하는 부동명왕(不動明王) 같은 명왕부(明王部)의 신이나 제석천(帝釋天), 변재천(弁才天), 대흑천(大黑天), 수천(水天), 성천(聖天), 타지니천(吒枳尼天) 등 천부의 신들로 변화한 것이다. 밀교가 널리 보급되면서 민중 신앙을 모아 의식을 거행하는 경우도 빈번해졌다.[219)]

한편 헤이안 초기 잇따른 전염병과 정치적 음모에 희생당한 사람들의 어령이 재앙을 일으킨다고 생각하여, 억울하게 죽은 영혼을 밀교 의식으로 모시기 시작했다. 때를 같이 해서 영산(靈山)을 신성시한 토착적 산악신앙의 영향을 받아 수험도가 등장했다. 일본 각지의 신사에 걸리는 산악 만다라의 습합적 요소와 밀교의 정토신앙에도 영향을 끼쳤다. 결정적으로 '본지수적(本地垂迹)'이라 하여 불교와 신기신앙의 습합을 정당화하는 이론이 수립되었다. 불교의 부처가 본래 모습이고 일본 신들은 부처의 가현(假現)인 수적(垂迹)이라는 논리였다. 헤이안 시대 말기에 히에신(日吉神)은 석가모니이고, 이세신은 대일(大日)이라고 하여 신들의 본지가 구체적으로 지정된다. 이는 불교 쪽의 주장을 토착신앙에 적용한 것으로서 일본종교의 습합적 성격이 단적으로 드러난 예이다.[220)]

219) 무라카미 시게요시 외, 상게서, p62
220) 조재국, 상게서, p134~p135

### ② 본지수적설

헤이안 중기에 신불습합이 진전되어 가미(神)와 호토케(佛)의 관계에 대한 본지수적설(本地垂迹說)이 등장하였다. 본지수적의 '본지(本地)'란 '본래의 경지 및 방식'을 의미한다. 우주의 진리·실상을 의미하는 법신과 같은 의미로 본지법신(本地法身)이라고 부르기도 한다. 그리고 '수적(垂迹)'은 '자취(迹)'를 '드리운다(垂)'는 뜻으로서 '적(迹)'의 개념은 원래 장자(莊子)에서 유래하였다고 한다.[221] 일본의 신들에게는 본지불이 있고, 인도의 불보살이 일본에 자취를 남기면서 나타나는 곤겐(權現)이 일본의 신들이라는 설이다. 본지불 관념은 인도에서 시작되어 중국을 거쳐 나라 시대 말엽 일본에 전해졌다. 주로 천태종과 진언종 학승들이 일본의 신들에게 적용하여 본지불을 지정하였다. 이세신은 비로자나불, 구세관음, 대일불이고, 헤이안 중기에 널리 신앙된 구마노산쇼신(熊野三所神)은 아미타불, 약사여래, 천수관음이라고 하였다. 본지수적설이 보급됨에 따라 신사에서는 부처를 신궁사와 벳토지(別当寺)에 모시는 경우가 일반화되었다. 신사의 제의 속에 불교의례가 성행했다. 불교사원의 건축양식에 영향을 받아 신사 건축에도 변화가 일어나서 가스카즈쿠리(春日造), 하치만즈쿠리(八幡造), 히요시즈쿠

221) 김장현, 상게서, p44

리(日吉造), 곤겐즈쿠리(權現造) 같은 양식이 등장했다. 신사의 제신(祭神)으로도 신불습합된 신이 계속해서 등장하였다. 인도의 신이 일본의 신과 하나가 되어 모셔지기도 하였다.[222] 본지수적설의 보급은 그 정도로 광범위하게 본지불의 조상(造像)과 안치가 유행하였으며, 불본주의적 신불습합이 전성기에 이르렀다는 표현이기도 했다.[223]

### 5) 중세신도

10세기경 헤이안 후기에는 본지수적설(本地垂迹說)에 바탕을 둔 신불습합의 신도설이 성립하였다. 나라 시대에는 가미(神) 역시 구제받아야 할 대상이고, 가미가 불교를 수호한다는 생각이 싹텄다면, 헤이안 시대에는 불교의 신격으로 포괄되어 거듭날 수 있다고 여겼다. 그리고 가미(神)는 부처가 중생을 구제하기 위하여 모습을 바꾸어 나타난 것이라는 관념이 형성되었다. 신사 경내에 신궁사(神宮寺)라는 절이 들어서고 신전독경이 행해졌다. 식물과 농업신인 이나리신(稲荷神)이 진언종의 구카이에게 나타나, 교토 총본산인 도지(東寺)의 수호를 약

222) 무라카미 시게요시 외, 상게서, p64~p65

223) 김장현, 상게서, p45

속했다는 것도 습합신앙을 반영한 사례 중 하나이다.[224] 천태계의 산노신도와 진언계의 료부신도가 그 대표적인 것으로서 신도교의(神道教儀)의 전개를 촉진하였다.[225]

### ① 료부신도

료부신도는 진언교학으로서 일본의 가미(神)를 해석한 종합적인 신도설이며, 도교의 영향을 받아 나타난 음양도까지 수용하였다. 대표 문헌인 『삼륜대명신연기(三輪大明神縁起)』는 본지불에 대하여 이렇게 주장한다. 대일존이 한편으로는 야마토의 미와산(三輪山)에 수적하여 미와다이묘진(三輪大明神)이 되고, 다른 한편으로는 이세(伊勢)의 가미지산(神路山)에 수적하여 고타이진(皇太神)이 되어 일체삼명(一體三名)이 되었다는 것이다. 료부란 진언종에서 말하는 금강계(정신계)와 태장계(물질계)를 가리킨다. 대일여래를 중심으로 료부를 도식화하여 배치한 것이 료부만다라이다. 료부신도는 신도의 가미를 이 만다라에 재배치한 것이다. 예를 들어 이자나미, 아마테라스를 태장계에, 이자니기 도요우케(農受大神)를 금강계에 두고 구니노토코타치(国常立尊)를 대일여래에 배당하여, 각각의 가미

224) 조재국, 상계서, p135
225) 무라카미 시게요시 외, 상계서, p65

(神)를 대일여래와 그 제상(諸相)의 나타남으로 본 신도 신학이다.[226]

### ② 산노신도

오미국(近江國) 히에이잔(比叡山) 기슭에 엔랴쿠지(延曆寺)를 창건한 사이초는, 이미 거기에 있는 히요시신사(日吉神社)의 오야마구이노카미(大山咋神)와 오모노누시노카미(大物主神) 두 신을 천태종과 엔랴쿠지의 수호신으로 모셨다. 히에이잔에서는 당나라 천태산 국청사에서 모시던 도교의 신 산왕필진군(山王弼眞君)을 본 떠 히요시신사의 두 신을 산왕, 즉 산노라고 칭하였다.[227]

산노신도는 석가불을 히에이잔의 수호신인 히요시 산왕(日吉山王)의 본지불로 여겨서 '산왕'을 신비적으로 해석했다. '山王'이라는 문자는 세로3 가로1[山], 가로3 세로1[王]로 되어 있으므로, 천태교학의 삼제원융(三諸圓融), 일념삼천(一念三千)을 나타낸 것이라고 하였다.[228] 『요천기(耀天記)』에 따르면 신도의 가미(神)는 석가가 중생을 불도로 인도하기 위한 방편일 따름

226) 김장현, 상게서, p48
227) 김장현, 상게서, p48~p49
228) 무라카미 시게요시 외, 상게서, p65

이었다. 아소야 마사히코(安蘇谷正彦)는 석가가 교토 히요시신사의 제신인 산노신이 되어 나타나서 일본의 중생을 구제할 것이라고 했다. 이는 석가를 근본으로 삼은 본지수적설의 입장에서 신도를 해석한 것이다.

훗날 도쿠가와 막부(德川幕府)의 정치 고문이 된 천태종 승려 덴카이(天海)는, 신도가 요시다 본슌(吉田梵舜)이나 주자학자 하야시 라잔(林羅山) 등이 내놓은 불교 비판에 반박하면서, 천태종과 산노신도의 세력 확대에 힘썼다.

이상에서 살펴본 일본의 신불습합 유형은 초기에는 불교 입장에서 주도적으로 결합한 방식이었다. 허나 가마쿠라 시대 이후 불교 본위의 본지수적설에 대하여 신도 측의 반동이 일어난다. 특히 분에이(文永, 1274년)와 고안(弘安, 1281년) 두 번에 걸친 몽골의 내습, 즉 원구(元寇)의 난을 겪으면서 천변지이에 의해 외적을 물리친 경험이, 일본인의 신국사상을 고조시켜 독자적인 신도 신학의 풍조를 낳았다.[229)]

## 6) 신궁사

7세기 후반 덴무 천황 이후 천황 중심으로 율령체제가 정비

229) 김장현, 상게서, p51~52

되는 가운데, 승니령(僧尼令)과 승관제도(僧官制度)가 수립되어 불교는 진호국가를 위한 종교로서 율령체제 안에 편입되었다. 이때 고도의 교리를 가진 불교는 신도를 포섭하고, 신도의 신, 즉 가미가 불교 논리를 수용하여 8~9세기경에는 전국에 신궁사(神宮寺)가 등장하였다.[230] 신궁사는 신사에 부속된 사원으로서 헤이안 시대 이전까지는 전국 주요 신사에 설치되어 신사를 지배했다고 한다. 게히신궁사(気比神宮寺)에는 다음과 같은 이야기가 전한다. 후지와라노 다케치마로(藤原武智麻呂)의 꿈에 기인이 나타나서 "나는 숙업으로 인해 가미가 된 지 오래되었다. 이제 불교에 귀의하고 싶다."라고 고뇌를 호소하면서 다케치마로에게 사찰 조영을 요청했다고 한다. 이처럼 신궁사는 대부분 신탁을 받아 창건되었다. 그 내용도 가미(神)가 불교에 귀의하여 자기 몸의 고뇌에서 벗어나게끔 사찰을 세워달라고 하는 요청이 주를 이루었다. 불교 입장에서 보면 가미(神)도 불교의 힘으로 구제받아야 할 중생의 하나이다. 불교 교리에서 중생을 구성하는 육도(六道) 가운데 천도(天道)에 속하는 존재였던 것이다. 이러한 현상을 '신신이탈(神身離脫)'이라고 하며 신불습합의 초기 형태로 간주한다.[231] 따라서 신궁사에서는 신전독경(神前讀經)을 거행하였다. 스님 모습을 한 무당, 즉 무승(巫僧)이 드나들었으며 사찰 근처의 신사를 '친주(鎭

230) 김장현, 상게서, p43

231) 이노우에 노부타카 외, 상게서, p133~p134

守)'라고 불렀다.

한편 신도의 가미(神)는 불교 수용의 영향으로 인도에서 유래한 바라문교와 힌두교의 신들처럼 불법을 수호하는 호법선신으로 간주되었다. 사찰을 세울 때는 그 땅의 지주신(地主神)을 수호신으로 모시기까지 했다. 일본 천태종의 개조인 사이초가 히에이잔에 엔랴쿠지를 세울 때, 히에이잔의 지주신인 오야마구이노카미(大山咋神)를 모신 히요시대사(日吉大社)를 엔랴쿠지와 천태종의 수호신으로 삼은 예가 대표적이다.[232]

## 7) 하치만신

8세기에는 신신이탈계의 가미와 더불어 불교와 밀접한 관계가 있는 하치만신(八幡神)이 등장했다. 하치만신은 기기신화(記紀神話)에는 나오지 않다가 나라 시대에 갑자기 정사에 등장하였다. 도다이지 대불 건립 이후 국가적 차원의 신으로 격상되었다. 하치만신은 나중에 오진(應神) 천황과 동일시되었는데, 아마테라스에 비견되는 황조신이자 무신(武神)으로서 폭넓게 신앙되었다.[233] 김장현은 하치만신이 '중생으로서의 신' '호법선신' '본지수적설'의 과정을 거친 신불습합의 집대성이라고

232) 김장현, 상게서, p43
233) 이노우에 노부타카 외, 상게서, p135

보았다.

하치만신은 원래 오이타 현(大分県) 우사(宇佐) 지방의 지역신이었다. 오가씨(大神氏)의 조상신인 우지가미이자 농경신 또는 해양신이라고 한다. 야나기타 구니오(柳田国男)는 단야신(鍛冶神)으로 추정했다.

하치만신을 모시는 신관이었던 네기(禰宜) 또는 무녀는 승니의 모습을 하였고, 신상을 승려 모습으로 만들었다. 720년에 속죄를 위한 방생회가 처음으로 열릴 정도로 불교적인 신이었다.[234] 하치만신앙의 발원지인 우사(宇佐) 지방은 세토나이카이(瀬戸内海)를 통해서 기나이 지방으로 직결된 교통의 요지였다. 한반도와 가까워서 예로부터 대륙에서 강한 영향을 받아왔다. 그리고 이 지역의 불교는 한반도에서 직접 전래되어 다른 지역에 비해 일찍부터 정착하였다고 추정하는 만큼 하치만신에 내포된 강한 불교적 색채의 연원을 짐작하기는 어렵지 않다.

하치만신은 노골적으로 중앙지향적인 신이었다. 쇼무 천황 때 도다이지 대불 조성사업을 계기로 중앙에 진출했다. 743년에 하치만신을 모시던 비구니가 상경하여 대불건립의 탁선을 전하였다. 749년에는 도다이지 옆 다무케야마(手向山) 산에 진좌하여 중앙에 진출하였다. 781년에는 하치만 대보살의 신호

234) 김장현, 상게서, p46

(神號)를 받아 신불습합의 전형적인 신으로 간주되었다. 기존의 신신이탈형 가미(神)와 달랐던 하치만신은, 쇼무 천황이 불교중심 정책을 펼치기에 가장 이상적인 존재였던 까닭에 입경에 성공한 것이다.[235] 이후 전국 사찰의 수호신으로 모셔졌고 전국으로 확산되었다. 그리고 아미타여래가 하치만의 본지불로 수적한 것으로 지정되었다. 황실의 분가이자 무인 집안인 미나모토씨(源氏)가 우지가미로 모시면서부터 무신(武神)으로도 신앙되었다.

하치만신은 한반도와 긴밀하게 문화를 교류하던 시기에 한반도의 정치, 경제적 관문이자 한반도 샤머니즘 신앙권이면서, 한반도 도래인의 집단 거주지였던 기타큐슈 일대에서 형성된 중층적 습합의 산물이었다. 점차 불교와도 습합하여 호국신으로 발전한 대표적인 습합신이었다.[236]

### 8) 산악신앙과 수험도

#### ① 산악신앙

235) 이노우에 노부타카 외, 상게서, p135~p137
236) 김장현, 상게서, p47

일본 고유의 산악신앙 개념은 산중타계신앙(山中他界信仰)과 농경사회의 수원신앙(水原信仰)이 연관된 영산신앙에서 비롯되었다. 특히 중국 산시 성(山西城)의 우타이 산(五臺山)을 영지로 삼아 문수보살을 모시는 오대산신앙(五臺山信仰)은, 아시아에 널리 분포한 불교신앙의 한 형태인데 신라와 일본에 전래되어 각기 독자적으로 변용되었다. 본래는 중국 동진(東晋) 이후『화엄경』에 의거해서 문수보살이 거한다는 칭량산(淸凉山)을 중국 산시 성 우타이 산에 비정하여 문수보살을 친견하거나, 그 화신을 접하기 위해 우타이 산을 참배했던 데서 비롯되었다. 당나라 때 와서 우타이 산에 호국도장의 의미가 부여되고, 화엄종의 징관(澄觀)이 금강계만다라 구조와 문수보살의 오지(五智)의 특성을 결부시켜서, 우타이 산 자체를 문수보살의 화현(化現)으로 해석하기에 이른다.[237]

일본에 오대산문수보살신앙이 유입된 것은 740년 신라승 심상(審詳)이 나라의 곤슈지(金鐘寺, 도다이지의 기원)에서『구화엄경(舊華嚴經)』을 강설하고, 쇼무 천황 때 도다이지를 건립하여 화엄종 본찰로 삼으면서부터라고 여겨진다.『화엄경』전래와 함께『고청량전(古淸凉傳)』의 필사가 이루어졌다는 사실로 보아, 나라 시대에 오대산신앙의 기초가 마련되었을 것으로 추측한다. 천축승(天竺僧) 보리선나(菩提僊那)와 베트남 승려 불

237) 박노준,「羅 · 日 五臺山信仰의 比較檢討-變容과 習合을 中心으로-」,『嶺東文化』제4호, 관동대학교 영동문화연구소, 1992, p55~p56

철(佛哲), 그리고 교키에 대한 전설은 대표적인 문수화신전설로서 오대산문수신앙과 관련되어 있다. 교키는 민중구제에 일생을 바친 승려이면서, 뛰어난 사업능력과 지혜를 인정받아 문수보살의 화신으로 전승되었는지 모른다.[238) 『일본영이기(日本靈異記)』에 전하는 야스노코 무라지(屋栖古連)의 소생전설에는, 오대산에 왕생한 쇼토쿠태자와 교키보살이 각각 쇼무 천황과 문수보살의 현현으로 그려져 있다. 문수보살은 나라 시대의 교키로 수적하고 쇼토쿠 태자는 쇼무 천황으로 생변(生變)하여 대불 조성 사업에 관여했기 때문이다. 나라 시대의 쇼무천황, 료벤승정(良辨僧正), 교키보살 네 사람은 사성(四聖)이라고 불리어 각기 관음, 미륵, 보현, 문수보살의 수적으로 신앙되었다. 현재는 도다이지에 사성어영(四聖御影)이라는 것이 남아 있다.[239)]

중국의 오대산신앙에 자국의 성인을 본지수적화하여 부처의 화신으로서, 신앙한 일본의 오대산신앙과 전통적 오방(五方)사상에 밀교의 금강계만다라 사상을 융합한 신라의 오대산신앙을 비교하면, 신라의 오대산신앙은 당시 신라인의 재래신앙을 화엄의 입장에서 포섭하고 또 밀교적으로 재정립시켰다는 특징이 있다.[240)]

238) 박노준, 상게서, p57~p59
239) 박노준, 상게서, p62
240) 박노준, 상게서, p67

## ② 수험도

불교 전래 이전에는 일본의 산악신앙에서 산 자체를 신성시했고 입산을 금지했다. 불교 전래 이후 산악수행 풍조가 확산되기 시작하여, 나라 시대 이후 비조직적인 잡밀(雜密)에서 주술력을 얻기 위한 산악수행을 권장하면서부터 수많은 주술적 종교자가 등장하였다. 조정에서는 산악수행자를 사도승(私度僧)이라고 해서 탄압하였다. 헤이안 시대 이후에는 대일경(大日經)과 금강정경(金剛頂經)에 입각한 순밀(純密)이 성립하여 히에이잔과 고야산(高野山)에서 수행한 사이초와 구카이가 등장했다. 이들은 조정에 들어가서 재액방지와 기원을 이루기 위한 가지기도(加持祈禱)를 행하여 조정의 비호를 받았다.

불교와 산악신앙이 습합한 또 다른 형태에 수험도가 있다. 앞에서 살펴본 엔노오즈누와 다이초 외에 만간(滿願), 쇼도(勝道)가 여기에 해당한다. 이들에 대해서는 사실관계보다 전승적 요소가 주를 이루어 진위를 가리기는 어렵다. 산악수행자들은 전국 곳곳의 영산을 산악수행의 성역으로 개창하였다. 엔노오즈누는 가쓰라기 산에, 다이초는 하쿠산(白山)에, 만간은 하코네산(箱根山)에, 쇼도는 닛코산(日光山)에 영장을 만들어 고대에서 중세를 통해 다수의 수행자를 배출하였다.

박규태는 수험도가 일본 고래의 산악신앙에다 북방 샤머니즘 · 불교 · 도교 · 신도 전통이 습합하여 헤이안 시대에 형성된 종교 체계라고 하였다.[241] 수험도는 수험자가 산악성지에서 신령의 힘을 획득하고, 그것을 이용해 주술종교적인 활동을 하는 종교이다. 수험자의 타계 여행에 관한 전승도 많다. 여기서 수험도 의례의 빙령 요소를 짐작해 볼 수 있기 때문이다. 그리고 수험도에서 대봉산을 비롯한 모든 영산은 정토, 지옥, 다카마가하라 등 하나의 타계를 상징한다. 그러한 영산 수행 자체가 일종의 타계 여행이기도 하다. 수험도의 빙령 의례는 수험자 자신이 아닌 제 3자에게 수호신령을 빙의시켜 공수하게 하는 이른바 빙기도의 형태를 띤다. 엔노오즈누가 일언주신(一言主神)을 '요리마시(憑子)'로 삼아 빙기도를 행하였다는 전승도 있다. 요컨대 수험도 의례의 중핵인 봉입(峰入)수행에서 산악은 타계, 중심으로서의 우주 축, 혹은 모태를 상징한다. 봉입자는 호법 등의 인도를 받아 타계에서 산악을 방문한다. 여기서 수험자는 산악의 수호신령인 대일여래 또는 부동명왕과 직접 교류하는 능력 및 신령과 일체가 되는 호법을 획득한다. 그 호법으로 타계나 먼 곳을 여행하고, 요리마시에게 빙의시켜 탁선과 공수를 하게 하며, 병을 치료하고 병자의 악령을 퇴치한다. 이러한 탈혼, 타계 여행, 빙령의 요소를 공유한다는 점에서 수험도는 지극히 샤머니즘적인 종교라고 보

241) 박규태, 상게서, 2003, p40

는 것이다.[242] 수행자와 함께 산중 수행자로서 히지리(聖)를 들 수 있다. 이들은 헤이안 중기 이후 정토신앙이 성행하자 사원을 떠나 깊은 산중에 은둔하며 극락왕생을 소망하였다.[243]

헤이안 중기 이후 율령제가 쇠퇴하면서 불교는 국가의 비호를 기대하기 어려워졌다. 중앙과 지방의 사원 및 산사들은 개별적으로 본존 및 신체의 영험을 선전하여 출가자와 참배자를 불러 모았다. 여기에 개인 차원의 구원과 신앙적 경향이 맞물리고, 섭관기 및 원정기 이후 귀족 중심으로 영장참배(靈場參拜)가 성행하면서, 이세신궁 참배와 같은 진풍경을 낳았다. 가마쿠라 후기에 이르면 서민층 사이에서도 이세신궁 참배 습속이 확산되었다.

구마노(熊野) 이외 지역에 산악영장을 개창한 주체로는 산악수험자인 야마부시(山伏)가 있다. 이들은 중세 후기에 병법과 닌자(忍者) 술법의 담지자로 간주되었다. 실제로 시마즈씨(島津氏) 같은 경우 수험자 출신으로 군사고문을 맡아 전투를 지휘하기도 했다.

중세기의 수험도는 쇼고인(聖護院)을 중심에 둔 본산파(本山派)와 고후쿠지(興福寺)를 중심에 둔 당산파(堂山派) 등의 조직을 형성하여 에도시대에 이르면, 그 지배권을 전국에 행사한다. 중세 말기에 히코산(彦山)의 아큐보소쿠덴(阿吸房即伝)

242) 박규태, 상게서, 2003, p41~p43

243) 이노우에 노부타카 외, 상게서, p182

이 교리와 수법을 체계화하여 종교조직으로 체제를 정비하였다.[244)]

### 9) 어령신앙

헤이안 중기 율령제 기반이 무너지자 대토지사유가 확산되어 장원(莊園)이 형성되고, 후지와라씨가 섭정관백을 독점하여 정권을 독차지함으로써, 중앙에서나 지방에서나 정쟁이 끊이지 않았다. 이때 밀교승이나 음양사의 주술기도가 성행하여 귀족이든 서민이든 재앙을 면하기 위해 주력에 의지했다. 게다가 지진과 풍수해, 가뭄 등 천재지변이 계속되는가 하면 전염병이 유행하여 수많은 사람이 목숨을 잃었다. 이러한 재앙을 무서운 신령의 해코지라고 여기는 어령신앙(御霊信仰)이 등장했다. '어령(御霊)'은 재앙을 가져오는 무서운 영을 높여 부른 말이다. 876년에 역병이 크게 유행하자 궁중과 대형 신사에서 점을 쳤다. 그 결과 불교의 우두천왕(牛頭天王)이 탈이 났다 하여 헤이안쿄에 우두천왕을 모신 것이 어령신앙의 처음이었다. 본래 수신(水神)이었던 우두천왕은 역병을 지배하는 신으로 알려졌다. 천계에서 말썽을 부린 스사노오라고 하거

244) 이노우에 노부타카 외, 상게서, p183~185

나, 오와리(尾張) 지역에서는 쓰시마천왕(津島天王)으로 모시는 등 각지에서 신앙하였다.

원한을 품은 채 죽은 자의 영혼도 강한 힘을 발휘한다고 믿었다. 대표적으로 스가와라노 미치자네(菅原道真)의 영혼과 뇌신(雷神)이 습합한 덴진(天神)이 있다. 스가와라노 미치자네는 무고한 죄로 다자이후(大宰府)에 유배당하였다가 죽었는데, 그 어령이 탈이 되어 후지와라 일족 가운데 급사하는 사람이 속출하였다고 한다. 그리고 벼락이 떨어지거나 재해를 입기도 하자 귀족이나 서민 모두 공포에 떨었다. 결국 947년 헤이안쿄 기타노(北野)에 그의 영혼을 덴만다이지자이텐신(天満大自在天神)으로 모셔서 원혼을 달랬다. 덴신이란 원래 하늘의 신으로서 널리 신앙되었던 신격인데, 미치자네의 영혼과 뇌신, 천신이 결합하여 덴진 신앙으로 변모한 것이다. 중세 이후에는 학예의 신으로 의미가 변하여 전국 각지에 덴진을 모신 덴만구(天満宮)와 덴진샤(天神社)가 들어섰다.[245)]

245) 무라카미 시게요시, 상게서, p67~p69

# Ⅲ. 결론

한국과 일본은 좁은 바다를 사이에 두고 수천 년에 걸쳐 우호적 교류와 폭력적 충돌을 반복하면서 불가분의 관계를 맺어왔다. 때로는 자발적으로, 때로는 강압적으로 사람과 물자가 왕래하여 서로 같은 듯 다른 문화와 문명을 이룩하였다. 두 나라의 종교는 고대 사회의 정치 이념이자 가치 체계를 형성하는 핵심 요소였다. 따라서 고대 동아시아의 보편적 종교였던 불교와 한일 각국의 토착종교 사이의 관계를 규명함으로써, 현재에 이르는 문화적 차이점과 유사점의 근원을 살펴보고자 하였다.

한국과 일본의 고대사회에서는 자연신앙과 샤머니즘적 토착신앙이 사회 통합이념의 역할을 하였고 샤먼적 무왕이 존재했다. 양국 모두 중국화된 불교를 수용하여 자국의 특성을 지닌 정통종교로 승화시켰다. 한국은 상고시대부터 유라시아와 중국 북부를 거쳐 동남쪽으로 이동한 북방 기마민족이 문화적 원류를 형성했다. 선진적인 철기와 샤머니즘적 전통을 지녔던 이들이 한반도에서 우위를 점하였다. 지배권에 대한 정당성을 획득하고 토착세력을 아우르기 위하여 천신사상에 입각한 천손강림신화를 체계화하였다. 고대국가의 개국시조를 신비능력을 지닌 샤먼적 무왕으로 신격화하여 통치권을 보장받았다. 기층민들은 생산과 풍요를 관장하고 집단을 수호하는 천신과 산신에게 현세적 욕망과 내세적 평안을 의탁하였다. 샤먼적 무왕은 신비능력을 발휘하여 이러한 백성의 요구에 부응하였던 것이다. 고대국가였던 고구려, 신라, 백제의 지배층들은 강력하고 체계적인 지배이념을 구축하기 위하여 불교를 적극적으로 수용하였다. 불교는 기존의 토착종교가 수행했던 기복신앙적 요소를 받아들여 한국적 불교로 토착화되었다. 통일신라 이후의 호국불교는 고려시대에 이르러 한국적인 교리를 완성하여 한국불교로 승화되었다. 국가적 차원의 의례인 연등회와 팔관회가 성행함으로써 불교는 기층민에게까지 파고들었다. 조선시대에는 지배층이 유교적 국가 이념에 부합하지 않는다는 이유로 불교를 배척하여 지극히 개인적인 차원에서 왕실 내부, 민간의 기복 신앙으로 전락하였다. 이러한 과정에 극락왕생과 무병장수, 조상의 명복을 기원하는 신중신앙, 지장신앙으로 정형화되었다. 그리고 기존의 토착신앙은 삼신신앙, 칠성신앙, 독성신앙으로 변모하여 사찰 한쪽에 독립적 신앙으로 정착하였다. 한국의 무속은 불교의 인과응보적인 내세관을 수용하여 산 자와 죽은 자의 갈등해소를 통한 재액초복적 기능을 강화하였다. 또한 불교 의례를 도입하여 의례적 체계성을 확보하였다.

일본의 전통신앙은 만물에 깃든 정령신인 가미를 신앙하는 신도로 귀결된다. 조몬 시대에는 생산력과 관련한 신앙이 중심이었다. 한반도에서 유입된 벼농사, 청동기 · 철기, 관개기술을 바탕으로 형성된 야요이 시대 이후에는 신과 인간의 중계자인 사제자의 역할이 중시되었다. '히미코'로 대표되는 샤먼적 무왕을 중심으로 고대 부족연맹체가 형성되었다. 그 가운데 전방후원분을 조성할 만큼 강력했던 집단이 고대국가를 이루었다. 이 때 북방에서 유입된 천신강림신화가 국가와 씨족사회의 정착에 크게 기여하였다. 이 시기 정치군주나 부족장이 '제사하는 신'으로서 신앙되었던 것은 천황이 신격화되는 기원이기도 하다. 백제를 통해 일본에 불교가 전래된 이래 신라와 고구려 불교를 수용하여 더욱 세련되어졌다. 나라 시대에는 국정 혼란과 민심이반을 수습하기 위한 목적에서 진호불교가 적극 권장되었다. 헤이안 시대에 들어서는 중국과 한국에서 불교이론을 습득한 유학승들이 귀국하여, 천태종과 진언종을 수립함으로써 일본식 불교가 성장하였다. 한편으로는 불교의 밀교적 요소와 다신교적 신기신앙이 습합하여 본지수적설(本地垂迹說)로 체계화되었다. 그리하여 신사에서는 부처를 신궁사와 벳토지에 모시는 것이 일반화되었다. 또한 신사제의 속에 불교의례가 성행하는 등 불법 중심으로 신도 체계가 변화하였다. 황실과 귀족 중심의 불교와는 다른 차원에서 불교 수행이 산신신앙과 결합하여 음양도, 수험도가 등장하였다. 수험도는 제3의 인물에게 빙의와 공수를 일으키고, 주술력으로 사령을 다스린다는 점에서 샤머니즘적 종교라고 할 수 있다. 불교와 산악신앙 · 원령신앙이 결합하여 가지기도나 미륵신앙이 나타났다. 불교는 장례의식과 영혼의 극락왕생을 주관하였고 현세구복적인 신앙은 신도 중심으로 이루어졌다.

한국과 일본의 습합 형태는 공존과 일체화로 설명할 수 있다. 한국은 포용력이 강한 화엄불교의 성격이 습합의 형태를 크게 좌우하였다. 사찰 안에서 신중(神衆)으로 포괄된 토속신이 기존의 성격을 유지하면서 불보살과 더불어 신앙될 수 있었다. 산신신앙의 요소를 수용하여 산상불교로 자리 잡았다. 서민의 기복적 요구에 부응한 까닭에 삼신신앙과 지장신앙은, 오늘날까지 사찰 안에 고유한 영역을 보유할 수 있었다. 반면 일본의 불교는 통일적이고 폐쇄적인 법화불교와 밀교가 정령신, 즉 가미를 숭앙하는 신도와 습합하여, 불보살이 신도 신격의 변이형태로 이해되었고, 신도의 주술성이 증가하였다. 용광로와도 같은 일본의 신앙적 기반에 불교와 신도가 한데 뒤섞인 결과였다. 영적교감과 주술력으로 재액초복을 희구하였던 민간의 신앙적 요구를 수용한 결과, 기존의 샤머니즘적 종교는 급속히 쇠퇴하였다. 이러한 양국의 각기 다른 특성은 서양의 기독교가 전래되는 과정에서도 정반대 양상을 보였다. 비교적 관용적인 풍토의 한국에서 기독교의 하나님은 예로부터 내려온 천신개념과 부합하여 기복적 신앙으로 토착화하였다. 반면 일본에서는 인간마저도 신으로 삼을 만큼 절대 우위 없이 두루 신앙하는 신관념 속에 녹아든 탓에 대중에게서 설득력을 얻지 못하였다. 이러한 측면에서도 일본의 신도적 종교성향을 가늠해 볼 수 있을 것이다.

향후 추가적인 연구를 통해 한국과 일본을 비롯한 중국 및 몽골 등 동북아시아의 샤머니즘적 상관성을 고찰함으로써, 문화적 원류를 찾고 현재적 의미를 도출할 수 있기를 기대해 본다.

# 참고 문헌


『三國遺事』

『三國史記』

『高麗史』

『日本書紀』

『古史記』

『三國志』「魏書東夷傳」, 「魏書倭人傳」

『翰苑』

『後漢書』

서영대 외, 『무속, 신과 인간을 잇다』, 국사편찬위원회, 2011

사시키 고칸(佐佐木宏幹) 저, 김영민 역, 『샤머니즘의 이해』, 박이정, 2003

이안나, 『몽골민간신앙연구』, 한국문화사, 2010

서정범, 『어원별곡(語源別曲)』, 앞선책, 1989

미르체아 엘리아데(Mircea Eliade) 저, 이윤기 역, 『샤마니즘: 고대적 접신술』, 까치, 2001

이능화 저, 서영대 역, 『조선무속고-역사로 본 한국 무속』, 서남동양학자료총서, 2010

김해연, 『동서종교문화교류사』, 성지출판사, 2003

오출세, 『한국민간신앙과 문학연구』, 동국대학교 출판부

유동식, 『한국무교의 역사와 구조』, 연세대학교출판부, 1983

김태곤, 『한국무가집 II 』, 집문당, 1971

무라카미 시게요시 외 지음, 최길성 편역, 『일본의 종교』, 예전, 1993

이광래, 『일본사상사 연구』, 경인문화사, 2005

이노우에 노부타카 외 저, 박규태 역, 『신도, 일본 태생의 종교시스템』, 제이앤씨, 2010

김영일, 『한국무속과 신화의 연구』, 세종출판사, 2005

向井毬夫, 『紫のほへる妹　額田王の実像』, 集英社, 東京, 1997

최길성, 「동북아세아 샤머니즘의 비교」, 『비교문화연구』 제5호, 서울대학교 비교문화연구소, 1999

김구진, 「고구려의 북방계(시베리아) 문화의 특성에 관한 연구—시베리아 샤머니즘을 중심으로」, 『북방사논총』 7호, 동북아역사재단, 2005

박규태, 「일본의 샤머니즘 개념 형성과 전개」, 『샤머니즘연구』 Vol.5, 한국샤머니즘학회, 2003

가와무라 구니미쓰(川村邦光), 「동아시아 샤머니즘 국제학술대회 논문 ; 일본 동북지역의 샤머니즘(日本東北地域の シャマニズム )」, 『민족과 문화』 Vol.7, 한양대학교 민족학연구소, 1998

村上晶, 「消えゆく巫俗と生きのびる巫者–ワカとイタコを事例として–」, 『比較思想学論集』 14券, 筑波大学宗教学, 2013

유동식, 「가람구조 및 불화를 통해 본 한 · 일 불교수용형태의 비교연구」, 『신학사상』 통권 제14호, 연세대학교 한국기독교문화연구소, 1976

전경수, 「'무속' 연구 백년의 대강(大綱)과 굴곡—이능화 이후–」, 『민속학연구』 제31호, 국립민속박물관, 2012

이마무라 도모에(今村鞆), 『朝鮮風俗集』, 斯道館, 1914,

김성례, 「일제시대 무속담론의 형성과 식민적 재현의 정치학」, 『한국무속학』 제24집, 한국민속학회, 2012

박미영, 「한국 전통문화로서의 무속신앙과 불교의 습합」, 아주대학교 교육대학원 박사논문, 아주대학교, 2002

박규태, 「일본의 샤머니즘 개념 형성과 전개」, 『샤머니즘연구』 Vol.5, 한국샤머니즘학회, 2003

정천구, 「본지수적설(本地垂迹說)과 불국토사상(佛國土思想)의 비교—『佛祖統紀』 · 『三國遺事』 · 『元亨釋書』를 중심으로–」, 『정신문화연구』 제31권 제1호(통권 110호), 한국학중앙연구원, 2008

赤松徹真, 日本仏教における「神仏習合」に関する研究」, 『仏教文化研究所紀要』 第48輯, 竜谷大学仏教文化研究所, 2009

현재우, 「무교(巫敎) 내세관의 특징: 불교와의 습합(習合)과 차이를 중심으

로」, 『한국종교연구』 제9집, 서강대학교 종교연구소, 2008
박대복, 「건국신화의 천관념과 무관념」, 『어문연구』 제32권 제3호, 한국어문교육연구회, 2004
차남희, 「한국고대사회의 정치변동과 무교: 고대국가 건국을 중심으로」, 『한국정치학회보』 제39집 2호, 한국정치학회, 2005 여름
최석영, 「무와 일관과의 갈등에 대한 역사적 고찰-삼국시대~고려시대의 巫의 지위변화-」, 『일제하 무속론과 식민지 권력』, 서경문화사, 1999
최종석, 「한국 토착종교와 불교의 습합과정-산신신앙을 중심으로-」, 청주대 민족문화연구소, 『민족문화논집』 5, 1987
김문태, 「삼산신앙(三山信仰)의 성립과 전개-여타 종교 · 사상과의 습합(習合)을 중심으로-」, 『한국민속학』 11집, 한국민속학회, 2000
박찬호, 「한국전통윤리 사상의 기저로서의 무속에 관한 연구」, 『동양종교학』 Vol.1, 원광대학교 동양종교학과, 1991
최종성, 「조선시대 유교와 무속의 관계 연구-儒 · 巫 관계유형과 그 변천을 중심으로-」, 『민족과 문화』 제10집, 국제문화학회, 2001
오양미, 「한일지장신앙의 유형 비교연구」, 『실학사상연구』 13권, 모악실학회, 1999
문진열, 「불교와 민속 신앙에 관한 고찰-한국 불교를 중심으로」, 동국대학교 석사논문, 동국대학교, 2008
김태곤, 「무속과 불교의 습합」, 『한국민속학』 Vol.19 No.1, 한국민속학회, 1986,
김장현, 「습합신학으로서 일본신도사 연구」, 강원대학교대학원 박사논문, 강원대학교, 2009
마쓰오 고이치, 「신도(神道) · 불교(佛敎)와 민간신앙(民間信仰)-한일 민간종교의 비교 연구를 목표로 하여-」, 『한국민속학 · 일본민속학 II』, 국립민속박물관, 2006
조재국, 「일본종교의 신개념의 습합적 성격에 관한 연구: 고대 토착종교와 중세불교의 신들」, 『신학논단』 제66집, 연세대학교 신과대학, 2011
우아미, 「신도(神道) 문화와 연중행사에 관한 연구」, 경희대학교 교육대학원 석사학위논문, 2011
박노준, 「羅 · 日 五臺山信仰의 比較檢討-變容과 習合을 中心으로-」, 『嶺東

文化』 제4호, 관동대학교 영동문화연구소, 1992
洪潤植, 「古代日本仏教における韓国仏教の役割」, '第38回 日文研フォーラム' 발표문, 日本文化研究センター (http://www.nichibun.ac.jp/ja/), 1991
김용덕, 「불교민속의 형성과 전승과제」, 『불교평론』 41호, (재)만해사상실천 선양회, 2009.
국사편찬위원회 한국사데이터베이스 http://db.history.go.kr/
http://www5.ocn.ne.jp/~fugeki/kenkyuhen_subupage1.html#top